価値の創造を考える

2021年度 神戸大学 V. School の取り組みの軌跡

神戸大学 V. School 編

神戸大学出版会

目　次

V. Schoolのこれまで、
そしてこれから

1

V. School立ち上げの2年間を振り返って

國部克彦

はじめに

　神戸大学バリュースクール（V. School）は、神戸大学における全学横断的な価値創造教育を担う組織として、2020年4月に設置された。価値創造を前面に打ち出した大学の教育組織の設置は日本では初めてのことであった。本章では、その最初の2年間スクール長を務めたものとして、そこでどのような議論が行われ、価値創造教育が展開されてきたのかを、自分自身の経験を通じて振り返ることにしたい。

設立までの経緯

　神戸大学の新しい戦略として価値創造教育が必要であると、大学の中枢メンバーと初めて議論したのは、2019年1月4日の新年の仕事始めの日であった。私は、その前年の12月に武田廣学長（当時）から突然呼び出されて、2019年4月から2年間、財務戦略および病院財務担当の副学長への就任を打診されたばかりであった。1月はまだ着任前であったが、早速、来年度の予算要求プロジェクトに加わるように依頼があり、新年早々会合を持ったのである。

　その日、私は特に準備していたわけではないが、これからはイノベーション教育よりも、イノベーションの源にある価値創造についての教育が必要であると主張したところ、この方向性が受け入れられて、その後何度かの会合を経て、2019年度の予算要求は、価値創造教育を前面に押し出すという方針が固まった。

私がその時に、価値創造の重要性を強調したのは、何も思い付きではなかった。経営学の世界では、何年も前から価値創造の重要性が説かれていたし、その価値の範囲も、財務的な価値から社会的な価値へ広がりを見せていた。特に、財務的価値と社会的価値の創造プロセスの開示を要求する統合報告書が日本でも普及しつつあったため、多くの企業が価値創造の重要性を意識するようになっていたのである。

　ところが価値創造は、イノベーションに比べても捉えどころが曖昧であることもあって、そのための体系的な教育プログラムは世界中どこを探しても十分には構築されていなかった。近接する概念として、デザイン思考やアート思考があり、私たちもスタンフォード大学のd.schoolをモデルに構想を練っていったが、デザイン思考は価値創造の1つの手段にすぎないので、それにすべて依存するわけにはいかなかった。

　その間、d.schoolを参考にネーミングしたV.Schoolは学内で非常な盛り上がりを見せ、何か新しいことがV.Schoolを中心に起こせそうという気運が学内に醸成された。このような雰囲気は、これまでの予算要求がらみの提案ではなかったことである。

　ところが残念なことに、その年度の予算要求はうまくいかなかった。そうなると普通は構想もそこで終わるはずであったが、当時の大学執行部は、予算獲得の成否にかかわらず、V.School構想を進める方針を明確にしていたので、V.Schoolは当初の予定通り2020年4月に開校したのである。政府からの予算は獲得できなくても、株式会社日本M&Aセンターの三宅卓社長、株式会社スマートバリューの渋谷順社長らから多額の寄附を頂き、産業界からの支援が大きな追い風になった。

　V.Schoolの開設は、大学の独自性を貫くという意味でも非常に大きな意味があった。国立大学はどうしても政府予算に頼って戦略や方針を立ててしまい、大学としての独自性を失っていく傾向が強い。大学では学問の自由が最も重要な価値であるから、それは大学の本来の姿ではないはずだが、予算がなければ研究・教育が継続できないという短期的な理由から、長期

的な視点を持てなくなってしまっているのである。

　したがって、多くの大学がそうであるように、本学も予算を獲得しやすいように計画を立て、採択されれば実施するが、不採択であればまた一から計画を作り直す作業を繰り返してきた。しかも、たとえ採択されても予算の補助期間が終わればそのプロジェクトは終わってしまう場合が多く、そうであれば予算採択の可否に関係なく、極めて消耗的な作業を繰り返していることになる。V. School も、もし 2019 年度の予算が獲得できていれば、今頃、予算が切れて廃止されていたかもしれない。

　その意味で、V. School を政府予算からは独立して設置したことは、神戸大学独自の戦略的判断として大変意義のあることであった。したがって、その判断の正しさを、V. School に関与する教職員は証明していく責務があると言えるであろう。

価値創造教育の体系化

　V. School を立ち上げる際に最も力を入れたのは、神戸大学独自の価値創造教育の体系を作ることであった。この体系には 2 つの側面がある。1 つは実際の価値創造のプロセスを体系化することであり、もうひとつは価値創造というプロセスを抽象的にモデル化して、共通の教育枠組みを作ることであった。V. School では、前者については、価値創発と価値設計という 2 つをかけ合わせて価値創造とする体系（価値創造＝価値創発×価値設計）を考案し、それを部門として組織化することにした。後者については、半年以上の時間をかけて関係教員で議論し、価値創造スクエアというモデルを開発した。

　価値創発は、文字通り、価値が現れる（emerge）する場面を意味する。大勢で議論したり、実際に試作して実験してみたり、あるいは 1 人で沈思黙考している間に、ふと価値創造のアイデアが生まれてくることがある。そのような創発のプロセスを単なる偶然として片づけるのではなく、価値

が生み出される場として設定できれば、価値創造の可能性は大きく広がることになる。

　また、価値はアイデアだけでは役に立たず、それを具体化するためには、設計（design）が必要になる。そのためには、ヒト、モノ、カネの一連のリソースが必要になり、価値創造の段階によって、必要とされるリソースも異なる。このプロセスをうまく作り上げていくことが価値設計の役割である。ちなみに、起業や新規事業開発のプロセスはまさに価値設計そのものである。

　価値創発に関してはシステムの発想が必要であり、価値設計にはビジネスの視点が欠かせない。創発と設計の関係は、実はシステムとビジネスの掛け合わせでもある。しかし、掛け合わせるためには、価値に関する共通モデルが必要になる。そのピースを埋めるものが価値創造スクエアという価値創造のモデルになる。

　V.Schoolは全学のプロジェクトであるから、そこにはさまざまな分野の専門家が集まっており、文字通りの「文理融合」あるいは「異分野共創」のプロジェクトである。しかし、この種の「融合」プロジェクトは、異分野の専門家が集まるだけで全く「融合」していないケースが大変多いが、V.Schoolは違った。それは、専門分野は異なっても、価値というキーワードが同じであったからである。

　もちろん、価値という共通用語を使用していても、学問が変われば、価値の内容も当然変わる。それは、何も学問を持ち出さなくても、人によって価値観が違うことを想像してみれば、よく分かるであろう。だが、一方で、価値というからには、内容は異なっても何か共通の要素があるはずで、そこが「融合」の要となっていった。

　その議論の成果は図0-1-1に示す「価値創造スクエア」として結実する。価値創造スクエアについては、すでに「価値創造の考え方」（日本評論社）で詳細に論じているところなので、ここでは説明を繰り返さないが、そのポイントは、価値は「課題」から「結果」へ至る客観の世界とその背後に

ある「期待」から「満足」に至る主観の世界が、分かち難く入り混じった
プロセスの中で生まれてくるということである。

図0-1-1　価値創造スクエア

　価値は日常的に議論されるが、その多くは金額や点数などで客観的に評
価されており、その評価を通じて価値を理解することが多い。たとえば、
モノの価値は値段で表現されるし、大学の価値は受験生には難易度や大学
ランキングの数字などで評価される。
　しかし、少し考えれば分かるように、このような客観的な数字自体には
何の意味もない。それは紙幣に物理的な価値がないことと同じである。価
値のない紙きれや指標に価値を与えている何かがないと、それらは価値を
持たないはずである。その何かの源をたどっていけば、最終的には人間の
主観に行きつく。つまり、価値創造の源泉は、客観的な数字ではなく、個
人の主観にあり、この主観から出発しない限り価値創造はできないし、そ
のための教育もできないのである。
　したがって、価値創造スクエアは価値創造教育において意識的に主観の
側面を理解するためのモデルとして活用することができる。価値創造教育
の成否は、価値創造のプロセスにおいて自分自身の主観をどこまで意識す
ることができるかにかかっているといっても過言ではない。

価値創造教育の実践

　価値創発と価値設計を部門として組織化し、価値創造スクエアという価値創造のモデルが開発できれば、あとはどのように教育するかである。価値創造教育では、もちろん価値とは何かという概念的な教育も必要ではあるが、その中心は学生に価値創造を経験させる、経験型の学習になる。V.Schoolでは、何かテーマを決めて教室で価値創造の実践をする科目をPBL（Project-Based Learning）と呼び、それを教室だけでなくフィールドに出て実践する科目をFBL（Field-Based Learning）と呼んで、教育の2大柱としている。

　価値創造教育の難しいところは、座学で学ぶことが難しく、実際に価値創造を経験してみないと、その本質を理解できない点にある。これは、体育を座学だけで学べないのと同じである。しかし、体育と違って、実技の内容が決まっているわけではないので、学生がその内容から考えていくように教育を設計する必要がある。

　この価値創造の実践には、デザイン思考という方法とエフェクチュエーションという理論が非常に有効であった。デザイン思考は、スタンフォードのd.schoolでは、①共感する→②定義する→③アイデア化する→④試作する→⑤検証する、の5つのステップからなるとされる。このステップを学生に辿らせることで、何らかの価値創造の体験が可能となる。

　この5つのステップのうち、③までは教室の中の議論で可能であるが、④と⑤のステップに入ると、難易度は極端に高くなり、試作と検証のためのフィールドや予算も必要になる。しかし、価値創造教育では、この④と⑤のステップが肝となる。V.Schoolでは、専任教員だけでなく、客員教員や産業界や自治体の支援も受けて、この2つのステップを実現してきた。

　アイデアを試作して社会で検証するためには、アイデアが重要なだけでなく、そのアイデアを実現したいという学生の熱意と勇気が必要になる。しかし、熱意と勇気だけではうまく前に進めない場合もある。そのときに助

けになるのがエフェクチュエーションの理論である。エフェクチュエーションは、バージニア大学ビジネススクールのサラス・サラスバシーが提唱した、成功したアントレプレナーに共通の行動パターンを定式化した理論である。

エフェクチュエーション理論の要諦は、自分のできることから手当たり次第にはじめることである。入念なプランを練って、必要なリソースの調達を考えるのではなく、今自分がもっている知識や技術そして人間関係などから、何ができるかを考えて、行動することが奨励される。この理論は、これまで目標を達成するために勉強してきた学生にとって、真逆の考えであるが、その考えを早く取り入れて実行を繰り返した学生ほど、大きな成果があげられるようである。

価値創造教育の締めくくりは、自分自身が経験してきた価値創造を自分で振り返って評価することである。どのような経験も、次の経験に生かすためには、その内容を抽象化して、成功した場合も失敗した場合も、何が一番の原因であったかを探求しなければ教育としては意味が少ない。また、困難を克服できた原因や、当初の目標とはかなり違った結果になった場合などの原因を探求することも重要である。

そのときに価値創造スクエアが活用できる。多くの学生は、価値創造が、客観的な要因（予算や人的関係など）によって、成功したり、失敗したりしたと思いがちであるが、本当はその背後にそのプロジェクトを成功させたいという自分自身の主観的な期待の強さがある。その期待がどの程度強いのか、そして、それはどこから来るのかという点に気がつけば、さらに新しい価値創造への可能性がその瞬間から広がるのである。学生がそこまで経験できれば、価値創造教育は成功したと言えるであろう。

おわりに

V. School は開設から 2 年が経過し、本格的な発展期に入りつつある。本

章では、私が準備段階から開設後の2年間で経験した、価値創造教育の一端について記述した。価値創造教育は、PBLやFBLとして定式化すれば、あとは学生が自動的にやってくれるように設計することが望ましい。そのときの教員の役割は、学生の背中を押してやることだけである。いずれ、背中を押してくれる人がいなくても、自分で価値創造ができるように。そのような学生を1人でも多く育てることがV.Schoolの最も重要な課題である。

参考文献
國部克彦・玉置久・菊池誠編（2021）『価値創造の考え方─期待を満足につなぐために』日本評論社
國部克彦・鶴田宏樹・祇園景子編（2021）『価値創造の教育─神戸大学バリュースクールの挑戦』神戸大学出版会

2022年度の目標とさらなる展望

玉置久

　神戸大学V.Schoolは、分野横断的な教育研究を支える組織として、2020年4月に設立された。縦割りの学問領域に横串をさして新しい価値創造教育を展開するとともに、各専門分野で進められているさまざまな価値創造研究をさらに発展・展開させるためのプラットフォームとして位置付けられるものである。価値創造に関しては、これまで個々の学問領域・専門分野で議論されることがあっても、共通の土台で議論されることはほとんどなかった。V.Schoolのコンセプトは、このような価値創造について全学的に議論し合い、教育と研究にフィードバックしていくための、神戸大学の全学生・全教職員に開かれた価値共創の場となることにある（図0-2-1）。

　2022年度においては、この2年間のさまざまな試行を踏まえ、価値創造に関わる教育研究のためのプラットフォームとして「ワイワイガヤガヤ」できる場が自律的に機能し、学生や教職員のみなさんが自然と集まりながら議論できる仕組み作りを進めていきたいと考えている。教員と学生、教員と教員、学生と学生、大学と社会を「つなぐ」ことを目指して、「知る」機能、「学ぶ」機能、および「プラットホーム」機能の充実を図っていく予定である。V.Schoolでは、価値創造を理解し議論するためのベースとして、これまでにも「価値創造スクエア」を提唱してきている（図0-2-2）。しかしながら、このような見方・捉え方は固定的なものではなく、また完成したものでもない。さまざまな学問分野や社会をつなぐためには、「価値創造スクエア」をきっかけとして価値創造の諸概念をさらに深化・発展させ、価値創造教育の体系化を図ることがV.Schoolの1つの重要な方向性になると考えられる。

　さて、「価値創造」あるいは「価値」という言葉によって表される対象は

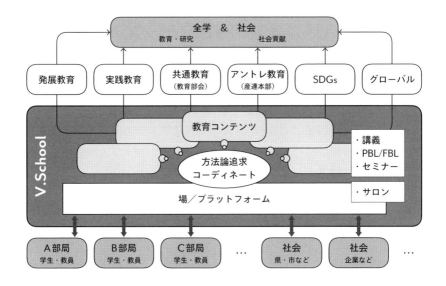

図0-2-1　価値共創の場としてのV.School

極めて多様で、価値そのものに関する一般的・基礎的な理論から価値（のあるものやこと）の社会実装に係る具体的・実用的な方策・ノウハウまでを含んでいる。敢えて極端な見方をすれば、前者は価値の理論、後者は価値創造の技法を対象にしていると言えるかもしれない。このような見方に照らしてV.Schoolのスタンスを考えると、これらのいずれかというものではなく、このような見方や考え方を含めて「価値創造」の概念や方法論をクリアにし、これを教育の場に展開していくことにあると考えてい

図0-2-2　価値創造スクエア
価値創造を「期待」「課題」「結果」「満足」の4つの側面から捉えるモデル（國部克彦・玉置久・菊池誠編『価値創造の考え方』日本評論社、2021）

る。価値創造スクエアはその起点として位置付けられるものである。すなわち、価値あるものやことを創造する、あるいは既存のものやことに潜在する価値を顕在化させるプロセスを対象に、さまざまな分野での価値創造について「価値創造スクエア」という共通の土台のもとで議論し、各々の専門分野にフィードバックすることが主眼となる。

　ここで、価値の創造あるいは価値の顕在化という点に関して、自身の専門分野であるシステム論と絡めて考えると、まさにシステムの創発あるいは創発システムと密接に関係するものであると捉えられる。この「創発」は、なかなか制御できるものではないという点においても価値創造に潜むメカニズムそのもので、このような見方・捉え方をすることが価値創造を考える上で肝要なポイントの1つであることに間違いない。この点からしても、価値創造は単なる課題解決ではなく、課題の設定（仮説生成）と課題解決・評価（仮説検証）を繰り返すことによって達成されるものであることになる。少々乱暴な言い方になるが、価値創造スクエアでは、下部から上部および上部から下部に至るプロセスが、それぞれ仮説形成および仮説検証に対応することになる。このような双方向のプロセスを繰り返すことによって期待を満足に結び付けるという形式で価値創造を理解しようというものである。まさに価値の創発である。

　この創発とも関連するが、価値創造はある意味でシンセシスである。目先の課題解決だけでなく、その先に何があるのか、その裏に何があるかなどを意識することが、シンセシス、すなわち実際に有意義な問題解決に不可欠である。課題解決の道具はオーソドックスなものからアドバンストなものまでさまざまなものがある。道具として何が適切か、優れているかといった観点だけではなく、それらを活用した課題解決の先にある価値を常に意識することが重要である。言い換えれば、価値創造のプロセス全体を、その周辺にあるものをも含めて俯瞰することが重要となる。まさに、システムとして見る・捉えるといった姿勢である。この観点も交え、価値創造スクエアをベースに価値創造の考え方や価値創造のプロセスを体系的に整

理し、価値創造教育プログラムの構築、さらには価値創造に資する研究推進への貢献ができればと考えている。このような「価値創造」の考え方を対象とした研究も V. School で進めていきたいと思っている。

　そこで、V. School における具体的な取り組みの1つとして、価値創造スクエアを基盤とする価値創造の考え方をコアに、学内他部局や学外・社会と異分野共創型研究を展開し、これまでにない学際的な研究を推進するための基盤（研究ユニット）の構築が挙げられる。また、このような研究ユニットへの学生・研究員の参画を促し、価値創造に資する俯瞰的な見方・考え方ができる研究者の輩出につなげることも目標となる。これまでにも、異分野共創型での教育・研究を推進する機能を担う組織やグループはあったが、共通基盤・指導原理的な見方・考え方をさらに充実させることによる価値創造の概念・理論の深化・発展は、学内の異分野共創に関わる組織の機能向上につながるものであることが期待されるところである。

　産業界を含む社会一般における価値創造への関心の高まりと相まって、今後ますます、大学での価値創造教育の導入・充実が求められるようになることが予想されている。神戸大学では、いち早く価値創造教育への取り組みを開始しており、大学の構成においても価値創造教育の強みを有している。この強みを活かし、価値創造に資する教育体系を構築して社会に貢献することが神戸大学の果たすべき責務であるとも言える。このような背景にも留意しつつ、V. School の方向性を見極めていきたいと考えている。また、神戸大学各部局の理解・協力なしでは、V. School は機能しない。冒頭でも触れたが、神戸大学の全学生・全教職員の方々が、V. School に関心をもって気軽に参画していただけるような雰囲気作りにも注力していきたいと考えている。

2021年度の
取り組みの軌跡

第 1 章

V. School サロン

V.School サロンとは

鶴田宏樹

　V.Schoolサロンは、多様な価値や価値観といった概念を涵養する場として、V.Schoolの登録学生や協力教員のみならず広く開放しているものである。さまざまな学問分野の研究者やそれを学ぶ学生が集い、参加者各人が持つ視点や考えに基づいて議論を交わす学術的な「雑居地」である。V.Schoolサロンは業務の遂行、それぞれの研究の進展、専門分野の講義に比べると、"無駄な"時間を過ごすようなものであると思われるかもしれない。しかし、自分の専門と異なるテーマについて、自らがこれまで得た知識と自らの視点を持って議論することは、他者の興味・関心や期待といった主観への共感、目的や挑戦といった客観の理解に繋がる。我々V.Schoolの書籍「価値創造の考え方」では、自らの主観と客観と他者が持つ主観と客観を相互に理解すること、これこそ価値を共創する関係性の構築に必要なものであることを説明している。この"無駄"と感じる時間を費やす場が、自らの研究や学業、社会での活動についての新しい視点や気づきを得るきっかけを与えると考えている。

　V.Schoolが2020年4月に設置され、2年間を価値創造に関わるさまざまな活動の試行を繰り返す活動試行期間と設定した。その1年目であった2020年度においては、サロンは「価値創造サロン」と称し、テーマを大きく4つ（価値の創造、価値の創発、価値の設計、価値と社会）に分け、隔週で計17回開催した。価値創造と大学教育、価値創造の考え方、社会への価値の実装、さまざまな社会課題と価値、など広範囲にわたって議論を行った。1年目のサロンは、大学教育において価値創造教育の重要性についての議論がさらに活発化したり、価値創造の図式となる"価値創造スクエア"が整理され書籍「価値創造の考え方」が出版されたり、そしてい

くつかの異分野共創型のプロジェクトが企画されたり、さらなる活動が生まれる場として機能した。サロンに新しいコトが生まれてくる"場"としての機能を持たせるという課題に対して、十分な結果を得ることはできたとする一方で、時間の制約もあり、各回の内容を十分に吟味し、議論を深めていくという点においては不十分であった。

2021年度は、「価値創造サロン」を「V. Schoolサロン」と改称するとともに、さまざまな主観と客観が交わって深く議論ができる"場"とするべく、月に隔週で同じテーマで2回開催する形式を試行することとした。1回目のサロンで内容を理解し、2週間の間に自らの視点に基づく主張をまとめ、そして2回目のサロンで議論を行うこととした。

取り上げたテーマは次節以降で紹介されるが、「システムと価値」「エフェクチエーション」「モデルとデータ」「歴史と芸術」といったような"価値創造スクエア"の理解や発展に資するようなテーマと「経済学における価値」「日本のものづくりの未来」「SDGs時代の新しい働き方と価値創造」といった社会に影響を与える価値を考えるようなテーマとした。各テーマに基づいて議論される内容は、1冊の書籍としてまとめて出版するに値するような議論が展開されている。本章では、議論の内容の概要を紹介するにとどまるが、今後別の形でもみなさんの目に触れることになるだろう。

参考文献
國部克彦・玉置久・菊池誠編（2021）『価値創造の考え方─期待を満足につなぐために』日本評論社

経済学における価値

内田浩史

第1回　V.Schoolサロン

内田浩史　神戸大学V.School　価値創発部門　副部門長・大学院経営学研究科　教授
小池淳司　神戸大学V.School　協力教員・大学院工学研究科　研究科長・教授
堂目卓生　大阪大学大学院経済学研究科　教授

2021年5月13・20・27日（木）　17:00−18:30
神戸大学V.Schoolルーム／オンライン

　V.Schoolサロン#1「経済学における価値」（副題：「インフラ整備の政策評価を題材に」）は、2021年度のV.Schoolサロンの第1回（2021年5月開催分）にあたり、5月13日（Class 1）、20日（Class 2）、27日（Class 3）の3回にわたって第5時限に開催した。本サロンの問題意識と内容は以下のとおりである。さまざまな経済理論に基づく政策提言や、経済学の実証研究から得られた証拠（Evidence）を重視する「証拠に基づく政策形成（Evidence-based Policy Making）」に代表されるように、経済学の知見は社会のさまざまな場面で重視されるようになっており、経済学における価値判断の基準は社会のさまざまな場面に適用されるようになっている。しかし他方で、「経済偏重」の考え方が深刻な社会課題を引き起こしているといった批判も大きく、経済学に依存することに対する限界も露呈してきているといえる。そこで、このサロンではインフラストラクチャー整備に関する政策判断を題材とし、経済学はどのように政策決定に用いられているのか、その判断はどのような価値判断基準に依拠しているのか、経済学の考え方の意義と限界はどこにあり、どこまでを守備範囲とすべきなのか、といった論点に

23

ついて議論を行った。

　このサロンの設計は神戸大学 V. School・大学院経営学研究科の内田浩史（専門：応用経済学（金融））が担当し、2人のゲストと相談のうえ内容を検討し、実施した。3回の構成としては、Class 1 と Class 2 はそれぞれゲストからご講演をいただいたうえで参加者とともにディスカッションを行い、それを踏まえて Class 3 で総括的な議論を行う形とした。受講した学生は事前に、「少子高齢化が進み、財政赤字が巨額に上る中、日本における今後の新規インフラ投資は費用対効果のある東京のみに集中すべきであり、地方については最低限の維持管理だけで充分である」という主張に対して自分なりの考え方をまとめることを求められ、全体の議論もこの主張を主たる題材として行われた。

　Class 1 は、神戸大学 V. School・大学院工学研究科教授の小池淳司氏（専門：土木工学）をゲストにお迎えして実施した。そこでは、まず工学分野で経済学のアプローチを用いて研究を行っておられる小池教授から、(1)インフラ整備を例に、政策決定における経済学の役割についてご講演をいただき、その後、補足する形で内田より (2) 経済学のアプローチ（効用最大化、効率性と価値など）を概説し、最後に (3) 登壇者と参加した学生、教員とで議論を行った。

　Class 2 のゲストは、大阪大学大学院経済学研究科教授の堂目卓生氏（専門：経済学史）である。堂目氏からは、(1) 経済学史の観点から、効率性と公平性、限界革命といった重要な論点を踏まえつつ、現在の経済学の考え方（パラダイム）とそれ以前の経済学（経済思想）の概説、経済学の守備範囲、あるべき姿に関するお考え、などについてご講演いただき、その後 (2) 登壇者と参加学生、教員で議論を行った。

　最後に Class 3 は、前2回の議論や事前の準備を踏まえ、受講した学生を中心に議論を行った。議論の内容は、(1) 上記「主張」について、受講生は当初どのような意見を持っていたか、(2) その意見は（暗黙の裡に）どのような価値判断基準に基づいていたか、(3) Class 1、2 の議論から、どの

ような価値判断基準を知ったか、（4）それによって「主張」に対する意見
はどう変わったか（変わらなかったか）、といったものである。

　合計3回の議論を通じ、このサロンでは参加した学生に、多様な価値を
踏まえた上で自分なりの価値判断ができるための、学びの機会を提供した。
3回の内容の設計には改善の余地も見られたが、受講登録を行った学生だ
けでなく、他の参加学生、そして参加した教員、さらにはゲスト自身も、
普段の学修・研究とは離れた視点から、自分たちの専門を改めて見直す良
い機会となった。

システムと価値

鶴田宏樹

第2回　V. School サロン

玉置　久　神戸大学 V. School　価値創発部門　部門長・大学院システム情報学研究科　教授
菊池　誠　神戸大学 V. School　価値創発部門　副部門長・大学院システム情報学研究科　教授
鶴田宏樹　神戸大学 V. School　准教授

2021年6月10・17日（木）　17:00−18:30
神戸大学 V.School ルーム／オンライン

　価値／価値創造を考える上で不可避となる「創発」現象は、部分と全体、そして環境、これらの相互作用によって支配されるという見方ができる。これらの部分、全体、環境はあらかじめ自明なものではなく、ある意味で相対的なものであり、そこでは「システム」としての見方・捉え方が重要となってくる。そこで、「システム」と「価値／価値創造」をテーマとして取り上げ、システムとしての見方・捉え方の概観、必要性について議論した。以下、その概要を記載する。

システムとしての見方・捉え方―概観

　現実世界を切り取った部分の中に含まれる要素を自分自身がもつ目的・モチベーションに合った"解像度"で見てみる（図1-3-1）。例えば、「交通」を考えるときには、人や車のようなものがどう結合しているか、これがシステムである。そして、自分自身が操作・制御する以外のものを「環境」、つまり、システムの"ソト"とする。システムのウチとソトを定義して、

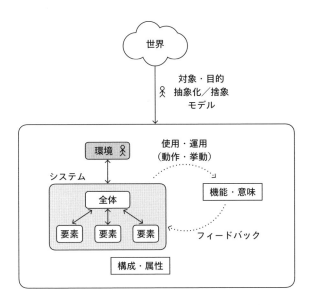

図1-3-1　システムとして見る・捉える（概観）

現実世界の中から自分が見たいものをモデル化することを"システムとして捉える"というのである。システムの中では各要素との全体の相互作用、システムの外では全体と環境の相互作用でシステムの"振る舞い"が決まる。システムと環境の相互作用の"振る舞い"から、人間にとっての嬉しさや心地よさなどに関する機能や意味が生まれてくる。生まれてきた機能や意味はシステムにフィードバックを与える。このフィードバックがうまく設計されることで問題解決や価値創造が実現されるのである。システムとして見る・捉えるということは、対象とする現実世界を観て、自らの目的遂行・問題解決に関わる「要素」を集めて、それらを含む「全体」とその外側の「環境」の相互作用という"物理"とシステムを動かすことで得られ、現実社会によってフィードバックされる"機能"が何なのかを理解することである。

「システム思考」―その特徴と限界

　システムとして見る、考える方法として「システム思考」がある。広義のシステム思考は、これは本サロンで取り上げた「システムとして捉える」ことに他ならない。事実を体系的に見ること、細部を見るのではなく、システムを構成する要素間のつながりと相互作用に着目し、その上で全体の振る舞いに洞察を与えることである。一方、狭義のシステム思考とは、ストック、フロー、変数、それらをつなぐ矢印の4種類で記述することで、システム内の要素同士の関係を捉える。問題を生み出すシステムの構造を捉え、時間的な遅れも考慮する考え方であり、「システム原型」と呼ばれる。挙動の特徴把握や定性分析、そして解決のための介入点（レバレッジ・ポイント）を知るために、事柄のつながりを因果ループ図として描写する。「システム原型」とは、現象を導く要因の構造を分析するためのフレームワークとしては非常に有効である。一方で、分析・整理における有用性の域を超えず、人間の興味・関心、期待や満足などの人間の主観的側面が表現されない。狭義のシステム思考とは、価値創造を目的とした場合には、その普遍的な考え方としては不十分であるかもしれない。

システムとして考える―成功事例と失敗事例

　システムというものは、あくまで個人的意見の域を出ないが、次の3つに分類できる（図1-3-2）。まず、（1）「古典的システム」で、これは因果ループ図で表現されるシステムで、色々な要素が変数で表現され、要素間が矢印（方程式）で繋がったものとして表現される。これだけではシステムというものが捉えられていない。というのも全体との相互作用が記述されていないのである。次に、（2）「近代システム」を考える。図1-3-2に示すように要素1～3が互いに相互作用しているのではなく、3つの要素が合わさって全体として1つの振る舞いをなしていると考える。要素1の働きが

（1）古典的システム：因果ループ　　　（2）近代的システム：フィードバック

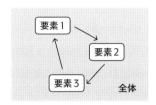

（3）抽象的システム：要素と環境の界面（サイモン1969）

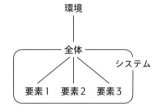

図1-3-2　システムとしての「捉え方」の三相

全体に何か効果を及ぼし貢献している。他の要素も同じである。そして、全体としての動きは、それぞれの要素にフィードバックを与える。例えば、人間の身体を例に挙げると、心臓、肺、胃など色々な器官（要素）から成り立っている。それらが身体（全体）に、血液を循環させたり、酸素を供給したり、消化するなどの効果を与えている。そして、身体（全体）の働きがそれぞれの器官（要素）にフィードバックを与えるという関係がある。この身体（全体）が、さらに外の「環境」に対してなんらかの効果を与える。このように、要素と全体の間で「閉じている」関係から生まれる効果が「環境」に影響を及ぼす。その特徴が要素の特徴だけに還元できない時、それを「創発」と呼ぶのである。システムとして見るというのは、単に要素間の関係を方程式で表すのではなく、創発というものを考えなければな

らない。これが近代的なシステムの考え方である。古典的システムでは全体が見えないので、近代的システムが大事であると思える。それはなぜなのかを考えて見ると、（3）抽象的システムという見方に移っていく。

ハーバード・サイモンによれば、システムというものは内部環境と外部環境のインターフェイス・界面であるという。内部環境とはいろんな器官・細胞の集まり、外部環境とは人間の外にある自然や社会などである。それらの相互作用を生み出すインターフェイス・界面がシステムである。その見方を変えたものが、図1-3-2の右である。要素1、2、3というものが環境と相互作用するのではなく、それらが集まった全体を通して環境を相互作用する。この時の「全体」というものが形としてあるのではなく、要素1、2、3を全体とみなしたものであるという意味であり、それゆえシステムとは抽象的な存在である。この理解の枠組み自体を抽象的システムと名づけた。

抽象的システムの見方で成功した事例としてはアポロ11号が挙げられよう。当時の機械の精度は現在ほど高くはない。しかし人間を月まで運ぶことができた。個々の要素技術の凄さではなく、抽象的システムとして捉えて要素をまとめ上げることができたのである。また新幹線も同じ成功事例として挙げられる。失敗事例としては、最終的な顛末は分からないがCOVID-19対策が挙げられるかもしれない。

システムとは何かを理解することは、システムではない「何か」を理解することであるとすると、システムとして考えてないとは、環境からの要請に要素が個別に応答、全体が丸投げしていることであろう。会社の上司が部下に仕事を単に丸投げする、それではその会社は外部環境に影響を与えることができない、つまりシステムとして組み上げられていないと言えるのではないだろうか。

システム的に見れば、PBLやFBLなどで掲げられる社会実装の直接的な目的はアイデアの有効性の検証ではなく、環境からのフィードバックを考案したシステムに還元することにあるのかもしれない。そして、「価値を考える」ということは「システムとして考える」ことと同じなのだろう。

日本のものづくりの未来　～アート思考とデザイン思考～

鶴田宏樹

第3回　V.School サロン

忽那憲治　神戸大学 V.School 価値設計部門 部門長・大学院経営学研究科 教授
延岡健太郎　大阪大学大学院経済学研究科 教授
近藤清人　株式会社 SASI 代表取締役

2021年7月15・29日（木）　17:00−18:30
神戸大学 V.School ルーム／オンライン

　日本のものづくり。ソニーのウォークマンなど、世界を魅了する製品を数多く生み出してきたが、最近は輝きを失っている感が否めない。人々が重視するものが変わってきたのだろうか。日本企業の何が変わってきたのだろうか。日本企業の人や組織に何が足らないのだろうか。本サロンでは、アート思考とデザイン思考という2つの視点で、日本のものづくりの現状と未来を考えてみた。

アート思考のものづくり ： SEDA モデルとマツダ魂動デザイン

　イノベーターの代表例の1つがアップルである。iPhone には、10万円の値段でも前の晩から並んででも客に買いたいと思わせる価値がある。日本企業が困っているのは、この「10万円出しても iPhone を買いたいと思うのは何故か?」が分からないのである。iPhone と Android の仕様を比較しても大きな差はないし、Android のシェアは9割であるので当然アプリケーションの数も Android のほうがずっと多い。iPhone と同じことがダイソン、

バルミューダにも当てはまる。考えなければならないのは、「意味的価値」である。カタログや仕様といった機能的価値に上乗せするような主観的に定義づける価値「意味的価値」をマネージメントすることが重要なのである。日本の企業では、いまだに機能的価値を差別化することで売上を上げようとしている。暗黙知としての意味的価値の重要性、意味的価値と形式知としての機能的価値を合わせて「統合的価値」であること、それを考えてマネージメントすることが重要であること、それらは表面的に分かっている「つもり」になっているのが現状である。

　統合的価値を分析・理解するために有用なのが、SEDA（Science Engineering Design Art）モデル（図1-4-1）である。このモデルでは、左に機能的価値、右に意味的価値を表す。右が大事で左が大事ではない、ということではない。すべてを考えて最大の価値を得ることが重要である。このモデルで多くの概念が説明できる。経営学で「両効きの経営」という言葉があるが、これは "Science" として問題提起と価値探索と行い、0から1を生み出すこと、つまり、今は存在しない価値を考える。一方 "Engineering"

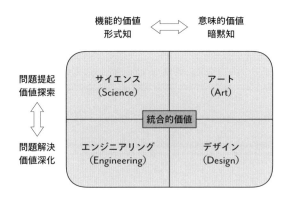

図1-4-1　SEDA（Science Engineering Design Art）モデル

として問題解決と価値深化を行い、1を100にする。これは今の顧客を大切にして価値を拡大させる。これらのマネージメントは全く逆のものであるが両方考えること、これが「両効きの経営」であると説明できる。

　現代は、右の「意味的価値」が重要視されているのである。日本企業は意味的価値において、「顧客が何を考えているか」という右下の "Design" というところにはフォーカスを当てるに至っているが、技術で0→1を行う "Science" に対して、哲学や考え方で0→1を行う "Art" が欠けている。

　SEDAモデル右側の意味的価値を考えること、それがアート思考である。アート思考の特徴は、①哲学・思いの表現、②ニーズを超えた感動、③アイデンティティ・歴史、④超絶技巧（クラフツマンシップ）、⑤妥協しない強い情熱と執念である。特に、顧客のニーズを超えた製品やサービスを創り出して、ニーズを超えた感動を与える。そして、それを実現するためには、妥協しない強い情熱と執念が必要である。それを兼ね備えた人物として、マツダのカーデザイナーだった前田育男氏が挙げられる。前田氏は、マツダの魂動プロジェクトを牽引した。マツダは、カーオブザイヤーを数度受賞するなど、自動車メーカーの中ではダントツの評価を受けるに至ったのである。その中心人物が前田育男氏であった。ユーザーの声に右往左往するのはプロではなく、あるべき姿を目指し、歴史に残る車を作ること、これが彼の哲学・思いであった。「魂動デザイン」という言葉の中に、"生命・魂を入れ込む"、"機械を超えた愛着"、"躍動感・安定感"、"自然に溶け込む" など日本の美意識を内包させた。想定を超えた驚き、時間をかけた自問自答、スケジュールよりも感動の実現を念頭に車をデザインすることで、ユーザーニーズを超えた感動を実現することができた。新しい機能があれば価値が上がると思っている人、機能よりも感覚的なものだけにこだわる人、その人たちの間に深い溝があり、その人たちを同じチームとしても結果として新しい価値は生まれない。機能的価値と意味的価値を両方理解できる人間が重要なのである。

デザイン経営　－アイデンティティを事業に－

　株式会社SASIではカフェを経営している。このカフェに通う地元企業の方々が、新規事業をつくってスタートアップしていく、というようなちょっと変わったカフェである。実際には海外展開を図ったり、ユニークな製品の開発を行ったり、地元企業がスモールビジネスではなく、スタートアップ系の事業スタイルで事業創出を行なっていけるように支援している。元々はデザインの会社であったことから、支援においても商品だけではなく経営そのものをデザインすることをサポートしていくことをコンセプトとしている。2018年5月に経済産業省と特許庁が「デザイン経営」を宣言した。「デザイン経営」とは、ブランド構築とイノベーションにデザインを使っていこうというものである。中小企業では、既存の経営にデザイナーを参加させたり、デザインを取り入れたら売れる、と思ってしまいがちなのだが、経営のアプローチを理解しないデザイナーの参入によって結果的に「顧客に迎合する」経営デザインとなってしまうことが多い。経営者とデザイナーが「分かり合えない」がなぜ起こるのか。SEDAモデルで考えると、エンジニアリング系の経営者はこれまでの経験・知識で機能的価値を追い求める。一方でデザイナーは意味的価値を追い求める。両者は同じ「問題解決」同士の対立構造となってしまって分かり合えなくなるのである。

　この対立構造にはまさしく"Art"が足りない。本来取るべき方法は何なのか。そもそも経営者やアントレプレナーには実現したいビジョンがあるはずである。ビジョンとは経営者個人の原体験に結びついている。自己から内発的動機を「アイデンティティ」として引き出してきて、経営者はこれを事業化するためのビジョンを語る伝道師つまり"Art"になってもらう。経営者の言っていることを翻訳・伝達するためのデザイナー（"Design"）とマーケッター（"Science"）が脇を固める。ビジョンを実現しうるための問題提起と意味的価値が何なのかをデザイナーがスタッフ（"Engineering"）に伝え、問題提起と機能的価値が何なのかをマーケッターが伝えるのである。

エフェクチュエーション

菊池誠

| V. School サロン　特別編

吉田満梨　神戸大学大学院経営学研究科　准教授

2021年8月12日（木）　15:00−17:00
神戸大学自然科学総合研究棟3号館1階106号室／オンライン

　エフェクチュエーションとは27名の熟達した起業家を対象とした意思決定に関する実証的研究に基づいてサラスバシーによって提唱され、最近、強い関心を集めている経営に関わる「行為の理論」である。従来の経営に関する意思決定では、まず目的が設定・評価され、その後に手段が選択される。これをコーゼーションという。コーゼーションは市場環境などの不確実性や不確定性が高くなると十分には機能しない。それに対してエフェクチュエーションとは、まず手段を設定・評価し、その後に意味のある結果を引き出すもので、不確実性や不確定性が高いときに威力を発揮する。このサロン特別編は、マーケティングを専門とし、日本におけるエフェクチュエーション研究の第一人者である神戸大学大学院経営学研究科の吉田満梨准教授によって、エフェクチュエーションの理論と実際が紹介されたものである。

　エフェクチュエーションの理論は「意思決定の方法論」と、その背後にある「システム論」からなる。エフェクチュエーションの意思決定の方法論は「目的主導ではなく手段主導」というエフェクチュエーションを象徴

する教えに要約される「手中の鳥」、「期待利益の大きさではなく損失の許容可能性で判断せよ」という「許容可能な損失」、「不確実性を分析によって回避するのではなくパートナーシップの構築によって軽減させよ」という「クレイジーキルト」、「予期せぬ事態は避けずに機会の源泉とみなせ」という「レモネード」、「予測ではなくコントロールによって望ましい成果を得よ」という「飛行機のパイロット」という5つの印象的な標語で表現されている。

　エフェクチュエーションのシステム論は、人工物を「外部環境と内部環境の接面」として特徴づけるサイモンの人工物の科学に基づいて、起業家が作り出す事業や市場をデザインされるべき人工物と考えるものである。予測に基づくデザインには限界がある。優れたシステムは、他のサブシステムからは入出力のみの影響を受け、互いに独立している安定的なサブシステムに分解できるという「準分解可能性」という特徴を持ち、外界からの影響を防ぐ「ホメオステーシス」と、外界の変化に事後的に適応する「フィードバック」を実現することで、予測不可能性に対処可能である。また、人工物のデザインは内部環境を外部環境に適応させるものではなく、両者の「交渉」の結果が反映されるものである。

　このサロン特別編は「意思決定の方法論」の5つの標語を豊富な具体例を用いながら分かりやすく紹介し、さらに「システム論」に踏み込むことで、エフェクチュエーションの全体像を明確に描き出すものであった。なお、講演後には以下のような議論がなされた。

1

(菊池)「目的主導ではなく手段主導」という教えは「手段と目的を取り違えるな」という一般的な警句と矛盾しているように見える。(吉田) エフェクチュエーションの「手段」には「自分は何者であるのか」という内省、すなわち一般にパーパスと呼ばれる「目的」に相当するものが含まれていて、警句の「手段」よりも意味が広い。一方、エフェクチュエーションの

「目的」はより具体的で、本来「目標」と呼ぶべきものである。この2つの主張は矛盾しない。(菊池) エフェクチュエーションの「目的主導ではなく手段主導」という教えは「目的を既知とするのではなく目的自身を構成せよ」と解釈できて「手段主導」は「目的構築」と言い直せるであろう。(吉田) その通りである。

2

(菊池) バーナードは「組織」の条件の一つに「目的の共有」を挙げている。サイモンや野中郁次郎はそれぞれ「組織」を「意思決定するもの」「知識を創造するもの」として特徴づけていると考えられる。その流れでは、サラスバシーの議論は「組織」の「エフェクチュエーションを可能にするもの」としての特徴づけと考えられよう。実際、手段しか持たない個人は組織に所属することによって目的を手にいれる。組織にとっては個人が目的に振り回されず手段を発揮できる環境が重要である。(吉田) このことは、最近のアントレプレナーシップ研究のアイデンティティが組織構築のプロセスなどに見出されつつあることと関係していよう。

3

(菊池) エフェクチュエーションは通常、経営学の枠内で議論がなされているが、本来、より普遍的な枠組みで議論したほうがむしろ見通しがよくなるかもしれない。講演ではエフェクチュエーションの教育をどう実現するかが問われていたが、本来、教育そのものがエフェクチュエーションであるのかも知れない。また、エフェクチュエーションと科学哲学の関係も考えられる。例えば、エフェクチュエーションの5つの標語はいずれも熟達した科学者の行動規範そのものであろう。(吉田) 教育と関係する研究はある。また、エフェクチュエーションを導いた過程そのものがエフェクチュエーションに他ならず、科学哲学などとの関係は今後の重要な研究課題であると思われる。

4（菊池）エフェクチュエーションとは普遍的で誰もがしている手法を自覚的に行うことであるように思われる。（吉田）その通りで、主婦業がエフェクチュエーションによって活性化したという例もある。

5

（鶴田）エフェクチュエーションが熟達した起業家に関する研究から導かれたものであるとしても、それが熟達した起業家に固有の方法論であるとは限らない。（吉田）当初の研究の動機が熟達した起業家の理解にあったが、得られた結果はより普遍的なものであった、ということだと思う。

6

（玉置）システムの準分解可能性とは構造に関するものである。構造から機構が定まり、機能から価値が生じる。目的について議論するためには、構造・機能・価値という階層構造についての議論が必要であろう。目的を実現するのがシステムの大域的な秩序であり、価値や目的についての議論は創発システムの考え方に重なるであろう。（吉田）今後、考えていきたい。

7

（國部）経営学ではまずシステムが実際にどのように機能するのかを考え、後でシステムの構造を考える。システム論ではシステムから考え、後でどのように役立てるのかを考える。サイモンやサラスバシーの議論はその2つをつなぐものであるが、経営学としては実際にどのように機能するのかが大切である。（吉田）経営学におけるエフェクチュエーションの意義は、起業家そのものを増やすことにではなく、起業家が実効性を高めていくこと、自分自身の潜在性を発揮できるようになることにある。

モデルとデータ

鶴田宏樹

第4回　V.Schoolサロン

玉置　久　神戸大学V.School　価値創発部門　部門長・大学院システム情報学研究科　教授
鶴田宏樹　神戸大学V.School　准教授

2021年10月14・21日（木）　17:00–18:30
神戸大学V.Schoolルーム／オンライン

　未来社会はデータ駆動型社会となり、「データ」そのものが社会を動かす基盤となると言われている。それゆえ現在、データの取得や蓄積に関わる概念や技術が注目を集めているのである。しかし、データさえあれば何かが本当に分かるのであろうか。自らが取り組むべき問題がどのようなものかを把握し、問題を解決するときにどのようなデータを集めれば良いのかなど、それらを理解して初めてデータの持つ意味が分かるのではないか。「モデルとデータ」を考えることで、新しいモノやコトを生み出す新しい考え方が導かれるかもしれない。

なぜ「モデル」と「データ」か

　現実を俯瞰し、解決策を考えるためにはモデルを作ることが有効である。"モデル"は模型と訳されることもあるように本物ではない。現実そのものではなく、そこに内在される本質的なものを取り出し（抽象し）たものである。抽象の過程は決して純客観的ではなく、人間や社会の期待といった

主観が含まれている。例えば、「このことの本質は○○である」ということではなくて、「私はこれが○○の本質とみる」という、人間や社会の主体的な行動であると言える。そう考えると、「"モデル"を作る（モデル化、モデリング）」ことを意識することによって、自らが取り組むべき問題を自らの視点で捉えることができ、問題解決のユニークな仕組みを考えることができる。データや過去の情報だけに基づいて問題解決をするのではなく、問題を自分・社会の視点や関心に基づいてモデリングすることが自分あるいは社会が期待する結果を生み出すことにつながるのではないか。「モデル」と「データ」、そして「モデリング」について考えてみる。

「モデル」と「データ」─価値創造スクエアの観点から─

　図1-6-1のように、主観である「期待」を推測し、「課題」設定をして、課題解決して結果が生まれる。この結果と満足は使う人間・社会が置かれている状況「環境」に影響を受ける。これをトータルで考えようというのが「価値創造スクエア」である。少し詳しく説明すると、満足を想像して

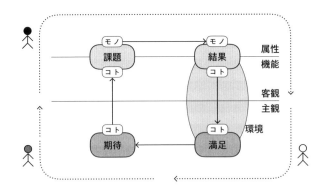

図1-6-1　価値創造スクエア　「価値創造の考え方」日本評論社（2021）

「期待」が記述される。そして期待されていることを"現象"である「課題（コト）」として想定する。「課題（コト）」を実現する"仕様"としての「課題（モノ）」を設定する。「結果（モノ）」を創造し、「結果（モノ）」を使用することにより、"感じる現象"である「結果（コト）」を発現する。「結果（コト）」の「満足」度から「期待」あるいは「課題（コト）」が修正される。洗濯機を例に挙げると、寒い季節（「環境」）に洗濯することを考える。人間の手を使わずに選択できれば良いなという「期待（コト）」がある。そこで、自動で洗濯するという「課題（コト）」が生まれる。そして、自動洗濯機の仕様という「課題（モノ）」が設定され、「結果（モノ）」としての"自動洗濯機"が作られて、寒い環境で自動に洗濯できるという「結果（コト）」が生まれる。それが「満足（コト）」につながり、価値というものを人間が感じることになる。

　図1-6-2のシステム概念図で考えると、現実の世界の中から"家事"とい

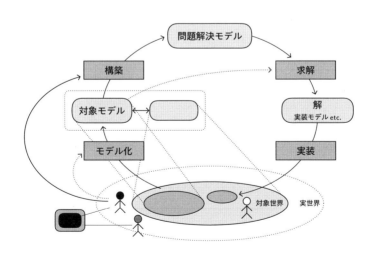

図1-6-2　システム概念図　システムを考える会（2021年5月（初出 2019年5月））

う世界を切り出してきて、対象モデルとしてモデル化する。例えば、洗濯という行為なら、対象モデルとしてそれがどんなものかを定義する。そして、それに対して「自動で汚れが落ちて濯ぎをする」などの「課題」を設定する。得られた「結果（解）」を実際に実装する、世の中に照らしてみる。そうすると対象世界が少し変わる。それに「満足」が与えられるかどうかが検証される。その時には、問題解決を行う人間（**図1-6-2中の黒い人**）がいるとすると、価値創造スクエアの上部（課題から結果）（**図1-6-1**）に存在する。そして、実際に嬉しいあるいは嬉しくないと思う人間、それを実際に使う人間は、図1-6-2の白色の人で示され、価値創造スクエアでは「満足」の右下あたりにいる（**図1-6-1**）。そして、問題解決をするその人自身かもしれないし、別の人間かもしれないが、「不具合を感じる」というような問題を提起する人間が図1-6-1では左下のあたりにいるグレーの人である。もちろん、グレーで示した人間は黒色の人間と同一かもしれないし、白色の人間と同一かもしれない。

　"データ"や"モデル"というものは、客観的なものとして価値創造スクエアの上部（課題から結果）にあるものである。対象モデルから課題が設定され、さまざまな"データ"を利活用して結果を得て満足につながる。そう考えると、その期待から対象モデルを現実世界から切り取る際に、問題を提起する人間と満足を感じる人間の「主観」が盛り込まれる。問題解決を行う人間はその主観を背後に捉えることで、価値創造スクエアに流れが生まれて「価値」が創造されるのである。

モデル人間とデータ人間

　"データ人間"とは、データを語り、データで考える。データをたくさん覚えていて、問題が起きたらそれに近いケースのデータを思い出して収集・当てはめを行なって、その結果を指針として行動を決めていく。既知のモデルも客観的なデータとして考えることができる。しかし、不確実性が高

まると、連続に安定した状態を維持できない。経験の蓄積にあまり期待し、依存することができない。経験しないことに対して、文脈を読み解き、モデルを立てる、つまりモデリングして、データの利活用の方策を考えて世の中の期待に応える。これが"モデル人間"である。たくさんのデータを持っていることが問題解決や価値創造の近道ではなく、満足をもたらすために期待に基づいて、どのように「モデリング」するか、が大事であろう。

参考文献
國部克彦・玉置久・菊池誠編（2021）『価値創造の考え方—期待を満足につなぐために』日本評論社
赤池弘次ら（2015）『モデリング—広い視野を求めて—』近代科学社
森口繁一（1973）『モデルとデータ』経営科学（日本オペレーションズ・リサーチ学会邦文機関誌）、第17巻 第4号

歴史と芸術

長坂一郎

第5回　V. Schoolサロン

長坂一郎　神戸大学V. School　協力教員・大学院人文学研究科　研究科長・教授

真下裕之　神戸大学大学院人文学研究科　教授

大橋完太郎　神戸大学大学院人文学研究科　准教授

2021年11月11・18日（木）　17:00-18:30
神戸大学V. Schoolルーム／オンライン

　2021年11月11日（木）に開催された第5回V. Schoolサロンでは、人文学研究科の真下教授（東洋史）と大橋教授（芸術学）にそれぞれ歴史学と哲学・美学という観点から価値について語っていただいた。

　真下教授は近世インドのムガル帝国という社会を題材に、時代や社会によって異なる価値の内容や基準について話した。ムガル帝国王家の宗旨はイスラム教であったが、インドのイスラム教徒は少数派にとどまっており、この帝国は全体として、さまざまな民族・宗教に属する人々によって担われていた。このように複合的な社会で作動していた価値がいかなるものであったのか。

　複合的な社会における価値の作動の仕方としては、統合のベクトルと併存のベクトルに支配されるのではないか。統合のベクトルにおいては、いろんな価値を折衷し、混ぜ合わせる、あるいは数ある価値の中から1つを選び出す択一的な方法を取る。一方、併存のベクトルであれば、複数の価値が並び立ち、お互い干渉しあわない、そうした方法となる。そして、併存のベクトルに分類されるもう1つが超越的とでも呼べるあり方で、複数

の価値が併存している中で、その中心において君主のみがそれらを超越する形ですべての価値を纏っている。ムガル帝国は、実はこの最後の超越的な価値のあり方をとっていたといえるのかもしれない。

　そもそも、ムガル帝国に関する文献を調べていても「価値」という考えとピッタリと合うような言葉は見当たらない。こうした中、ムガル帝国における価値のあり方の手がかりとして、ムガル帝国宮廷の贈与儀礼を取り上げた。そこでは、さまざまな機会において君主から家臣へ下賜する、そして家臣から献上する、そうした贈り物の交換が行われた。その際に、「価値」（「キーマト」≒価格）という言葉が頻出し、下賜品、献上品の「価値」が「○○○ルピー相当」であったなどと記述される。これらの場合、「価値」とは「価格」のことであった。すなわち、一般には区別される「価値」と「価格」が、ここでは贈り物の価値をはかる客観的な評価基準として両者を区別せずに用いられていたのである。

　次に、大橋教授は、18世紀西欧の啓蒙思想は近代的な合理主義の運動として理解されることが多い中、その合理主義の背後にオルタナティヴを求める批判的な志向も存在しているとして、その一例として「貧しさ」をとりあげつつ、「奢侈」と「貧しさ」をめぐる18世紀フランス美学・思想史について語った。

　まず、絵画批評の《1769年のサロン》の冒頭におかれたディドロの《古着論》から「古い服に守られてきたから、召使いが粗相をしても、わたし自身が粗相をしても、火が炸裂して水が落ちてきても、危惧することはなかった。わたしは古い部屋着の絶対的な主人だったのに、新しい服を着たらその奴隷となっている」という部分を読み上げ、この時代の「貧しさ」と芸術をめぐる時代の雰囲気を伝えた。そして、18世紀のフランス文化史の始まりをルイ14世の死を起点にして紹介し、ルイ14世死後の国家の放漫経営および財政の厳しさを背景にした「奢侈論争」について解説した。

　「奢侈 le luxe/luxury」の背景としては、当時のインダストリーの発展とルイ14世の死後の政治の安定（政策の緩和と対外紛争の鎮静化）があった

とされ、その中での「奢侈」推進派の論者ムロン（1675～1738）の議論を紹介した。彼は「奢侈とは洗練」であり、より高度な消費水準を志向すると考え、「奢侈は人々にとって労働のための動機となり、無為と怠惰を破壊するもの」だとして肯定的に捉える。しかし、こうした「奢侈」のエートスは、禁欲・節制を旨とする宗教・道徳の規範に根本から抵触するため、「奢侈」を問い直す必要性が叫ばれることとなる。また、ヴィルテールは「古代における美徳は貧困の結果でしかない。質素の美徳は幻想であり、人間の幸福は衣食住の洗練による快楽の増大によって得られる。洗練された奢侈は文明の証である」とし、「奢侈」を擁護する立場をとっていた。こうした中、ディドロは冒頭に挙げた《古着論》におけるように、「奢侈」を批判する態度をとっていたこと、そして両者の間に「奢侈」をめぐる論争が巻き起こっていたことを説明した。

　その後の議論では、イスラム社会において「奢侈」というものをどう捉えるかという疑問に対して、真下氏は「イスラムにおいては奢侈ということよりも、むしろ貧しいほうがいいという価値観があった。それを、清貧の徒という言い方をするが、何かしら、宗教的な価値、あるいは学術的な価値を目指してそれを生業にしている人たちに施すというのが王者の務めであり義務であるという考えがあった。だから、イスラム社会においては奢侈か清貧かというと、やはり清貧のほうに軸があったと言える」と述べた。

　ムガル帝国における君主のみがすべての価値を纏っているというあり方、その一方で、客観的に数値化できる「価格」を価値概念として用いつつ、「奢侈」か「清貧」かというと、やはり「清貧」のほうに軸があったという宗教的な価値観、また、18世紀のフランスにおける「奢侈」か「貧しさ」かという論争などについて議論する中で、価値というものはやはり地域や時代によって多様な捉え方がなされてきたという事実を確認した2時間であった。

SDGs時代の新しい働き方と価値創造

西谷公孝

第6回　V.Schoolサロン

國部克彦 神戸大学V.School　スクール長・大学院経営学研究科　教授
大内伸哉 神戸大学V.School　協力教員・大学院法学研究科　教授
金子由芳 神戸大学V.School　協力教員・社会システムイノベーションセンター　教授
西谷公孝 神戸大学V.School　協力教員・経済経営研究所　教授

2021年12月9・16日（木）　17:00–18:30
神戸大学V.Schoolルーム／オンライン

はじめに

　SDGs（持続可能な開発目標）とは、先進国、途上国すべての国を対象にした持続可能な社会を目指す国際目標である。SDGsには17の目標が設定されているが、そのうちの1つが「目標8：働きがいも経済成長も」である。そこでは「すべての人のための持続的、包摂的かつ持続可能な経済成長、生産的な完全雇用およびディーセント・ワーク（働きがいのある人間らしい仕事）を推進する」ことが謳われており、これによって働き方が労働者にとってより望ましいものになっていくことが期待されている。

　日本においても、安定した雇用と引き換えに行われている伝統的な正社員的働き方に限界が見えてきていることに加え、DX（デジタルトランスフォーメーション）が急速に進展していることからSDGsをきっかけに新しい働き方が広まっていく可能性がある。こうした背景をもとに、2021年12月9日、16日にV.Schoolサロン「SDGs時代の新しい働き方と価値創造」が、國部克彦V.School長・経営学研究科教授、大内伸哉法学研究科教授、

金子由芳社会システムイノベーションセンター教授の登壇、西谷公孝（経済経営研究所教授）の司会のもとで開催された。そこで本節では、そこでの議論をもとに、SDGs時代の新しい働き方やそれによって創造される価値、そして何がそれらを促進するのかについて考察する。

　本節の構成は以下のとおりである。2項で國部教授の報告からSDGsを有効に活用するための考え方を示し、3項で大内教授の報告からSDGs時代の新しい働き方を見ていく。そして4項で金子教授による問題提起から始まった登壇者たちの議論をもとに新しい働き方によって創造される価値や何が新しい働き方を促進するのかを考察する。最後に5項で全体をまとめる。

SDGs を有効に活用するためには

　現在、経営トップ層によるSDGsへの関心は非常に高い。しかし一方で、企業のSDGs活動はこれまでの活動にSDGsのロゴを貼っているだけのものも多く、こうした活動はSDGsである意味がない。そのために、企業がSDGsを有効に活用するためにはまず自社のSDGs活動を表面的ではなくあるべき形に実質化する必要がある。また、その時に、働き方という観点は非常に重要である。

　では、経営者はなぜSDGsに熱心なのか？　例えば、米国の経営者団体である「ビジネスラウンドテーブル」が2019年に公開した声明では、シェアホルダーエコノミーからステークホルダーエコノミーへの変換を提唱しているが、これは、株主・投資家だけでなくすべてのステークホルダーとコミットメントを共有することを宣言していることに他ならない。つまり、経営者は、株主・投資家が支配する資本主義的経営から解放されるために、SDGsを重視し、ステークホルダーエコノミーを提唱していると考えることができる。そして、その結果として、株主・投資家に対する経済的価値以外の価値が重要視されるようになる。

　これを受けて、働き方に関しては、仕事とはどういうものなのかを労働

者自らが考える必要がある。例えば、日本企業の場合、生活のための活動である「労働（賃労働）」と創造のための活動である「仕事」の境界が不明瞭である。この場合、アーレント（1958）が提唱するように、時間の対価に賃金をもらう限り「人間の条件」を満たすことができないために、そうするには人間を時間管理から解放し「賃労働」を「仕事」へ転換しなければならない。また、それを企業で実行するには、社会の一員としての存在意義を体現するパーパス（個人の存在意義、そしてそれが集団になったときに共通する部分が組織（企業）の存在意義）経営への転換が望ましい。実際、成功しているパーパス経営には、①社会に対する自分たちの使命をはっきり自覚している、②従業員に権限を与え、信頼と敬意をもって接し、目標と存在意義を共有するといった共通要素がある。

SDGs時代の新しい働き方

　近年、労働環境が大きく変化しているが、その要因には技術革新のインパクトによるものと新しい価値観によるものがある。前者の場合、DXが新たな価値を創造する一方で、アナログ時代に蓄積されたスキルが陳腐化している。また、後者の場合、これまでの資本主義的経営が行き詰っており、少なくとも形式上はコーポレートガバナンスにおいてもシェアホルダーモデルからステークホルダーモデルに移行しつつある。他方、労働者側でも、労働者は大量消費の主体として企業の大量生産に加担していることから、持続可能な社会（SDGs）に向けて企業と共同責任を負うべきであるとの認識が出てきている。特にZ世代以下は、労働者、消費者として企業選別の際にそうした視点（社会的責任を持たない企業にコミットしたくない）を持っている。これも労働環境の一つの変化と捉えることができる。
　さて、新しい働き方が論じられる背景には、ワーク・ライフ・バランス（仕事と生活の両立）や企業まかせのキャリア形成の観点から、安定した雇用と引き換えに行われる「いつでも、どこでも、なんでも」という伝統

的な正社員的働き方への疑問がある。このことは、長期雇用、年功序列、企業内労働組合を特徴とする日本型雇用システムの終焉を示唆しており、実際、新卒定期一括採用から通年採用への移行、年功型賃金の見直し（初任給格差、成果主義の拡大）、黒字リストラといった変容が起こっている。

　では、これからの働き方はどうなるのだろうか。第一にDXのインパクトが出てくるだろう。定型的な業務は機械化・自動化が進むため、人間は機械がやらない知的創造的な非定型的業務に従事せざるを得ない。そうすると、ジョブ型雇用（職務に適したスキルや経験を持った人材を雇用する方法）が進み、さらに雇用ではなく自営、すなわち個人事業主（フリーランスなど）化が進むだろう。第二にテレワーク化が広まることが考えられる。ICT（情報通信技術）を利用したテレワーク化はデジタル化と相性がよい働き方である一方で、ワーク・ライフ・バランスの実現、移動困難者の就労機会の拡大、想定外の事態に対応できるBCP（事業継続計画）、地域の活性化などの観点からさまざまな社会的価値を創造できることからSDGsとも親和的である（大内, 2021）。こうした働き方は、理念的には、産業革命以来奪われていた場所主権（および時間主権）の回復、さらには移動の自由という憲法的価値の実現という意味も持っている。

何が新しい働き方を促進するのか

　働き方を「賃労働」から「仕事」に転換することが重要であることは先述したが、これはジョブ型雇用に通じるものである。つまり、これ自体が新しい働き方による価値創造である。また、労働者が抱えている課題を他の労働者が共感すればそれは社会的課題となるために、パーパスの観点から社会的課題の解決という価値創造ももたらされる。

　では、何がそれを促進するのかと言えば、法律や市場からの圧力よりも倫理であろう（國部他, 2019）。法律だとたとえおかしなものであってもそれに合わせた形になってしまうし、逆に市場だと人間の力ではコントロール

できなくなってしまうからだ。そして、倫理を具現化するのは実践であるため、「賃労働」から「仕事」への転換を促進するには、すべての労働者が自分のパーパスに目覚めて実践することが重要である。一方で、実際にそれを実質的な取り組みにするには法律などの制度が必要かもしれないが、その場合でも可変的な仕組みを入れなければうまく機能しないであろう。

　しかし、法律や市場からの圧力も倫理と無関係ではない。SDGsやESG（環境・社会・ガバナンス）投資によって株主・投資家による倫理的な行動が期待できるならば、企業は働き方を含めてより良い経営を行うことができるはずである。そして、もしこうしたことが可能であるならば、リバタリアンパターナリズム（行動経済学で提唱されている個人の行動を国家が介入することなくより良い結果に誘導する考え方）のようなアプローチが望ましいのかもしれない。

結論

　以上のように、新しい働き方は、価値創造と切っても切り離せないために、それらを独立して捉えると本質的なものにはならないし、また倫理が欠如すればなおさらである。これが本節における考察の核心である。こうしたことに対しては、SDGsがうまく方向づける可能性を秘めているが、現在のところまだ表面的なものから脱却できていない。しかし、逆にSDGsに対してもこうした考えを意識づけることができれば、SDGsがより有効に活用され、相乗効果として新しい働き方やそれによって創造される価値がさらに広がっていくのではないだろうか。ここでの考察がそのきっかけとなれば幸いである。

参考文献
Arendt, Hannah. (1958) The Human Condition. The University of Chicago Press, Chicago（志水速雄訳（1994）『人間の条件』筑摩書房）
大内伸哉（2021）『誰のためのテレワーク？―近未来社会の働き方と法―』明石書店
國部克彦・西谷公孝・北田皓嗣・安藤光展（2019）『創発型責任経営―新しいつながりの経営モデル―』日本経済新聞出版社

第 2 章

講義・PBL・FBL

講義：価値創造の考え方

祗園景子

第1クオーター水曜日2限

担当教員

國部克彦 神戸大学V. School　スクール長・大学院経営学研究科　教授

鶴田宏樹 神戸大学V. School　准教授

祗園景子 神戸大学V. School　准教授

　価値創造は、洋の東西を問わず、企業や政府あるいはNPOなどの組織の相違も問わず、未来を語る場合の共通のキーワードになってきている。私たちも、意識的か無意識的かは別にして、よりよい価値を求めて日々の生活を送っている。つまり、価値創造とは、人間社会の根源に根差した実践であるということだ。しかし、価値創造を正面から考えることは難しいところがある。この「価値創造の考え方」という授業は、価値創造についていろいろな視点から議論し、また、デザイン思考などを実際に使ってみることで、価値創造学の学理と実際の調和を目指す挑戦的なものである。2021年度は、第1クオーターに経営学部の高度教養セミナーとして開講。なお、新型コロナウイルス感染症の影響で5月19日－6月9日の授業はオンラインにて実施することとなった。

第1回　価値創造とは何だろうか？（4月14日）

　学生の皆さんに「私の考える価値創造」というテーマでレポートを事前に作成してもらい、価値創造に関する皆さんのイメージをインタラクティ

ブに議論した。

第2回　価値創造の見方（4月21日）

　価値は多様であると同時に内容が特定できない不思議な対象だ。価値創造にどのようにアプローチすればよいのか、その見方を検討した。『価値創造と考え方』（日本評論社）にも示されているとおり、V. Schoolでは価値創造を考えるときに、主観と客観のつながり、あるいは、それらの調和を意識してみると見えてくるものがある。価値はとても個人的なものでもあり、社会的なものであり、具体的なものでもあり、抽象的なものでもある。これらのことを、ジョン・デューイやエマニュエル・カントの言葉を引用しながら、学生らと一緒に考えた。

第3回　価値創造の源（4月28日）

　価値はどこから生まれてくるのだろうか。価値を生む原動力は何なのか。「あなたがこの人は価値創造者（バリュークリエーター）だと感じる人は誰か。またその理由は何か。」という問いについて、レポートを作成してきてもらい、それを踏まえて議論をした。価値を創造する過程でのたくさんの課題を乗り越える原動力は、極めて個人的な主観からくるのだろうという議論になった。

第4回　価値創造の実際（5月12日）

　実際に価値を創り出そうと奮闘する人たちについて、いくつかの事例を紹介し、人々が価値創造に取り組むことでどのような効果が生まれるのか考えた。価値創造に挑戦する人たちに共通している考え方や行動の特性について、デザイン思考やエフェクチュエーションなどにも触れながら勉強した。

第5回　デザイン思考に基づく価値創造ワークショップ（1）（5月19日）

問題・課題解決の1つのフレームとしてデザイン思考を紹介し、いろいろな人たちと協働でアイデアを出す体験した。ワークショップには、約30名の学生が参加。学生から募集したテーマ「テレビの新しい価値」について、突飛だけどおもしろくて、納得はするけど見たこともないアイデアを求めて、思考の発散と収束を繰り返した。ワークショップの第1回目となる今回は、5名ほどのチームに分かれて、ブレインストーミングをして、テレビのすごいと思うところを出しあった。

第6回　デザイン思考に基づく価値創造ワークショップ（2）（5月26日）

第5回のブレインストーミングで出したアイデアを、親和図法を使ってグルーピングし、テレビのすごいと思うところについて、その特徴や本質を考え、気づいたことをまとめた。最近の学生は、テレビをほとんど見ない。しかし、家にテレビはあって、見るわけでもないのについている。その無目的さに価値があるのかもしれない。あるいは、YouTubeとは違って、専門家プロ集団がコンテンツを制作しているので、それに対する信頼性が価値につながっている、といった意見が出ていた。

第7回　デザイン思考に基づく価値創造ワークショップ（3）（6月2日）

第6回の親和図法でグルーピングしたアイデアの集まりにグループ名をつけ、そのグループ名と全く関係のない言葉とを掛け合わせて無理やりアイデアを出した。強制連想法と呼ばれるこの方法は、一気に思考を発散・収束させる。ヨーゼフ・シュンペーターは、イノベーションを新結合と説明したが、新しくておもしろいアイデアは何かと何かを掛け合わせることから出てくるのかもしれない。

第8回　まとめ（6月9日）

これまでの7回の授業を受けて、価値創造に関する理解はどのように変わったか。自分自身がどのように価値創造できるかを考えてまとめた。

PBL-X：Creative School 基礎編

祇園景子

第2クオーター火曜日5限

担当教員

鶴田宏樹 神戸大学 V. School　准教授

祇園景子 神戸大学 V. School　准教授

　時にお腹を抱えるくらい笑い合い、時に眉間にしわを寄せるぐらい真剣になり、時に周りの声が聞こえなくなるくらい集中する。小学校から始まる学校教育の中で、そんな授業を受けたことがある人は少ないかもしれない。けれども、そんな授業がたくさんあってもよいように思う。「Creative School」と呼ばれているこの授業は、基礎編と応用編があり、2018年から共通教育の総合科目として開講している。基礎編では、グループワークで学生同士でたくさん笑い合い、ディスカッションでものすごく真剣になり、個人ワークでとことん集中する。授業を通して、どんどん気持ちを動かして感情を豊かにし、論理的思考・システム思考・デザイン思考の基本を習得して、問題・課題設定と解決策となるアイデアを導き出す一連のプロセスを体験することができるように設計している（つもりである）。

　2021年度の Creative School 基礎編は、「理想の授業」をテーマに、新しい大学の在り方を4、5名のチームで考えた。この授業は毎年、学生と一緒にテーマ・内容を考えて、授業の運営をしている。2022年度は、これまでに Creative School 基礎編を受講したことのある澤岡善光さん（海事科学部）、

棚橋凪沙さん（経営学部）、名嘉村美言さん（経営学部）、増田颯一郎さん（経済学部）にサポーターとして協力してもらった。なお、新型コロナウイルス感染症の影響で、第1〜7回をオンラインで開講した。第8回目は神戸大学眺望館1階V.Schoolルームにて対面で行った。

第1回　オリエンテーション／イントロダクション（6月15日）

「あなたにとって理想の授業とは？（何を大切にして授業を受けていますか？）」という問いに対して答え、5Whys（インタビューの際に本質を引き出すために、5回「なぜ」を繰り返して尋ねる手法）を使って、自分は授業に何を求めているのかを考えた。

第2回　課題設定（6月22日）

第1回で考えた自分が授業に求めていることを起点にして、因果ループ図を作成した。因果ループ図とは、多数の要素における原因と結果の影響を可視化する方法で、全体を俯瞰して、レバレッジポイントを探るために使う。今回は、因果ループ図をもとに、自分が求めていることを達成するために必要な要素を検討して、課題を設定した。

第3回　解決策のコンセプト創造（6月29日）

第2回で設定した課題をもとに、「その課題を解決するためには？」という設問を起点にブレインストーミングをした。出てきたたくさんのアイデアを、親和図法（KJ法）を使って、グルーピングして、課題の解決策のコンセプトを決定した。

第4回　解決策のアイデア創出（7月6日）

第3回での親和図法で、グルーピングしたアイデアの集合に、その特徴を一言で表した。それらとランダムな言葉とから強制的に連想してアイデアを出した。例えば、「ながら授業」と「ユニバ」で強制連想して「待ち

時間に授業」とか、「学生の主体性」と「スイーツ」で強制連想して「スイーツを持ち寄って授業」といった具合。出てきたアイデアから、突飛だけどおもしろいアイデアを1つ選んだ。

第5回　アイデアの具体化_1（7月13日）

　抽象的な解決策のアイデアを実現するために必要なサービスやモノをイメージするために、そのアイデアを使っている場面を思い描いて、1つ1つの動作を書き出し、ユースケースを作成した。

第6回　アイデアの具体化_2　（7月27日）

　ユースケースの動作から、解決策となるサービスやモノが備えておくべき機能として書き出し、それらをフローにして、サービス・モノのシステムを描いた。ここまでくると、抽象的なアイデアがどういうものなのか、手に取るようにイメージできるようになる。

第7回　プロトタイピング（8月3日）

　第6回で描いたシステムをもとに、プロトタイピングの計画を立て、第8回の発表の準備をした。プロトタイピングは、アイデアや仮説を具体的な形で検証する重要なステップ。身の回りにあるもので、手っ取り早く試してみることがコツである。

第8回　プロトタイピング・テスト／発表（8月10日）

　自分たちの考えた「理想の授業」が本当にワクワクするのか、実際に実演や寸劇をしながら、アイデアの価値がみんなに届くのかを試してみた。オンラインでアプリを使って、各チームへフィードバックしあった。

PBL-X：Creative School 応用編

鶴田宏樹

8-9月集中
担当教員

鶴田宏樹 神戸大学V. School　准教授
祇園景子 神戸大学V. School　准教授

　「PBL-X：Creative School 応用編」では、"レジリエント社会の構築を牽引する起業家精神育成プログラム（通称：レジリエンス人材育成プログラム)"を実施している。このプログラムは、文部科学省・次世代アントレプレナー人材育成事業EDGE-NEXTの共通基盤事業として、東北大学・宮城大学・北海道大学・小樽商科大学・神戸大学・徳島大学で共同設計・開発されたものである。なお、2021年度の開発・運営チームメンバーは、鶴田宏樹・祇園景子（神戸大学）、武田浩太郎・本江正茂（東北大学）、石田祐・友渕貴之・阿部晃成（宮城大学）、三上淳（小樽商科大学）、加藤知愛（北海道大学）、北岡和義・金井純子（徳島大学）である。本プログラムは、阪神・淡路と東日本の2つの災害と復興プロセスを学び、事業アイデアを考えるプロセスを通じて、レジリエント社会の実現に向けた新規事業を立案できる人材の育成を目指すものである。

　"レジリエンス"とは、一般的に「弾力、復元力、また病気などからの回復力、強靭さ（デジタル大辞典)」という意味を持ち、近年では心理学的に「困難で脅威を与える状況にもかかわらず、うまく適応する過程や能力」の

ことを指して使われることも多い。さらに、レジリエンスの概念は、企業や行政などの組織や社会・経済現象、防災・減災などにおいて備えておくべき能力として重要視されている。本プログラムでは、レジリエンスを「システム・企業・個人が極度に状況変化に直面したとき、基本的な目的と健全性を維持する能力と定義し、レジリエント社会を「極度の状況変化に直面したとき、基本的な目的と健全性を維持できる社会」としている。発災によって受けたダメージからの復旧（以前と同じ状態に戻す）というよりも、以前よりも良い形での再生（創造的復興）の考え方が未来のレジリエント社会の実現には必要不可欠であるとした。

　レジリエント社会の構築を牽引する人材を、「社会システムの脆弱性を読み解き、災害による変化を予測して、創造的価値を生む事業を創出・持続できる人」と定義している。ここでいう「事業」とは、ビジネスにとどまらず、国や自治体の政策やNPOの活動なども含む。アントレプレナーの基本的スキルに加えて、以下の４つの能力を兼ね備えることで、復興／防災・減災に資する新規事業を設計・実装できると考えている。

1.　社会システムの脆弱性を読み解く：社会システムの脆弱性には、①設計、②実装、③運用のいずれかに原因がある場合に分けられる。さらに同じ社会システムでも、その背景（歴史・文化・地理・産業など）によって異なる脆弱性が発生することがある。

2.　極度の状況変化による影響を理解する：現在の状況を理解するだけでなく、未来に起こるであろう災害によって社会がどのように変化するかを予測する必要がある。

3.　自助・共助・公助の視点を有する：復興／防災・減災に資する事業は、個人個人の力だけでなく、地域社会あるいは自治体・国の力を活用することで、実現可能性と持続可能性が向上する場合がある。

4.　社会的価値と経済的価値を両立させる：復興／防災・減災にかかる価値（社会的価値）を提供すると同時に、経済的価値を提供することで、

事業の持続可能性を高めることを目指す。

　本プログラムは、2019年に開始し、初年度は神戸、宮城、北海道の復興現場を巡るプログラムとして実施した。2年目の2020年は、新型コロナウイルス感染症の影響でオンライン形式での開講を余儀なくされた。本プログラムの強みの一つが復興が進む現場のフィールドワークにあったが、現場の臨場感を受講生に十分に伝えることができなかった。3年目の2021年度は、前年と同じくコロナ禍の最中での開講であったが前年度の反省から、VR技術を利用することで、オンライン形式での臨場感あるフィールドワークを実現した。また、2019年での当初計画通り、プログラムの「国際化」を図り、プログラム実施期間の公用語を英語とし、海外からの学生が参加できる環境整備を行った。

　本プログラムを、図2-3-1に示すスケジュールで実施した。運営に関わる鶴田・祇園を含む教員以外にも、神戸大学から地域連携推進本部 准教授 松下正和氏（歴史遺産から学ぶ）、医学部附属病院 准教授 大路剛氏（パンデミックと複合災害）、都市安全研究センター 教授 大石哲氏（シミュレーション予測）、人間発達環境学研究科 准教授（現・大阪信愛学院大学教授）齊藤誠一氏（災害心理）、女川町役場から青山貴博氏・土井英貴氏（ローカルコミュニティでの公民連携によるレジリエンスの創造）、徳島大学から環境防災研究センター 講師 湯浅恭史氏、なでしこBC連携 佐藤佳世氏、大塚製薬工場 住吉佳奈氏・西脇丈泰氏（社会における脆弱性と適応システム～BCPを事例として）、女川みらい創造株式会社を含む女川町の産業をまとめる阿部喜英氏（VRフィールドワークとディスカッション）など、多くの方々からの授業を含む、まさに異分野共創でのプログラムとなっている。

　神戸大学からは、工学研究科から院生1名と、工学部、国際人間科学部、農学部からそれぞれ1名の学部生が受講した。その他、東北大学の留学生が2名、学部生が2名、北海道大学から大学院生と学部生がそれぞれ1名、

8月26日 ┃ 特 別 ┃ オリエンテーション

社会システムの脆弱性と極度の状況変化を理解する

8月30日 ┃ 講義1 ┃ システム思考についてのワークショップ1
9月4日 ┃ 講義2 ┃ システム思考についてのワークショップ2
9月8日 ┃ 講義3 ┃ 災害と社会問題：発表・ディスカッション
┃ 講義資料1 ┃ システム思考について
┃ 講義資料2 ┃ 徳島市のVRフィールドワーク
┃ 講義資料3 ┃ 石巻市震災遺構大川小学校のVRフィールドワーク
┃ 講義資料4 ┃ 社会システムの脆弱性
┃ 講義資料5 ┃ 歴史遺産から学ぶ
┃ 講義資料6 ┃ シミュレーション予測
┃ 講義資料7 ┃ パンデミックと複合災害
┃ 講義資料8 ┃ 災害心理

自助・共助・公助を理解する

9月10日 ┃ 講義4 ┃ 自助・共助・公助についてのワークショップ
9月11日 ┃ 講義5 ┃ VRフィールドワークとディスカッション
┃ 講義資料9 ┃ ローカルコミュニティでの公民連携によるレジリエンスの創造
　　　　　　　　　〜女川町を事例として
┃ 講義資料10 ┃ 社会における脆弱性と適応システム〜BCPを事例として
┃ 講義資料11 ┃ 東日本大震災からの復興〜公営住宅の復興を事例として
┃ 講義資料12 ┃ 眼前の課題と三助の脆弱性

社会的価値と経済的価値を理解する

9月12日 ┃ 講義6 ┃ ビジネスモデルの立案についてのワークショップ：
　　　　　　　　　社会的価値と経済的価値の両立
┃ 講義資料13 ┃ 社会的価値と経済的価値のバランス
9月17日 ┃ 特 別 ┃ 中間プレゼンテーションとフィードバック
9月18日
　−24日 ┃ マンツーマン指導 ┃
　　　　　　　　　　　　　　　　　　　　　　　　　　　　■ オンデマンド
9月25日 ┃ 特 別 ┃ 最終プレゼンテーション　　　　　　　□ リアルタイム

図2-3-1　プログラム概要

東京理科大学から学部生1名の参加があった。それぞれの受講生は、プログラムの終了後、実際のビジネスへとして事業化にステージを進めたり、考案したアイデアをベースに卒業研究のテーマをブラッシュアップしたり、それぞれに次のステージに繋げている。

　本プログラムは、復興というテーマに対して自らの興味関心と複眼的視点によって問題を定義し、さまざまな分野の知識を組み合わせ、提供される価値と解決策を考えることに重きを置いている。神戸大学の学生にV.Schoolから提供する経験型学習プログラムとして適切である内容となっているとともに、V.Schoolが今後学内外に提供する教育プログラムの設計・開発のノウハウの蓄積につながるプログラムである。

参考文献
アンドリュー・ゾッリとアン・マリー・ヒーリー（2013）『レジリエンス　復活力：ありとあらゆるシステムの破綻と回復を分けるものは何か』ダイヤモンド社

PBL-X：シリコンバレー型起業演習

内田浩史

後期火曜日2限

担当教員

内田浩史 神戸大学V. School 価値創発部門 副部門長・大学院経営学研究科 教授

保田隆明 神戸大学大学院経営学研究科 教授

鶴田宏樹 神戸大学V. School 准教授

祗園景子 神戸大学V. School 准教授

　「PBL-Xシリコンバレー型起業演習」は、経営学部で高度教養セミナー科目（他学部生にも受講を認める演習科目）として開講している「シリコンバレー型起業演習」を、V. SchoolのPBL-X科目としてV. School生向けに提供しているものである。この授業は、課題解決を目指すプロジェクト型の授業であり、受講生は、世界の中でも最も起業が盛んだといわれるアメリカのシリコンバレーで実際に用いられている思考法・スキルを学び、それを用いてチームでビジネスアイデアを実現可能なビジネスプランに仕上げ、プロトタイプを作って検証し、その妥当性をテストし、ゲスト審査員の前で発表する、という構成になっている。

　この授業の目標は、シリコンバレー流の起業プロセスを体験することで、経営学をベースとしたビジネスアイデアの事業化プロセスを体験・理解し、経営学の諸知識（商品開発、市場分析、マーケティング、財務・収益分析など）を実践的に、良い意味で「広く浅く」網羅的に、講義形式の授業とは異なる形で身に着けられるようになることである。また、心理学をベースとした多様なワークを通じ、社会で活用できるさまざまなスキルと革新

的で前向きな思考法（マインドセット）を身に着け、創造性、柔軟性、協調性を培い、社会に対して価値を生み出すことのできる潜在能力を涵養することも目標としている。

　この授業の中心となるのは、「デザイン思考」と呼ばれるアプローチである。デザイン思考は画期的な商品・サービスを開発するための革新的なアプローチであり、商品やサービスのユーザーの視点（人間中心的な視点）に立ち、ユーザーが抱える課題を特定し、その課題を解決するための価値あるアイデアを生み出すためのアプローチである。このアプローチは、相手に徹底的に共感し、本人も気づかぬ欲求を引き出すこと、真の課題とは何かを徹底的に追及すること、解決法を簡単なプロトタイプですぐにテストすること、早く・小さく失敗することで致命的な失敗を避けること、といった点に特徴があり、近年では商品・サービスの開発を超え、社会課題の解決、社会のデザインにも用いられるようになっている。

　2021年度の授業は前年度と同様、神戸大学生協（生協）ならびにさまざまな外部ゲストのご協力の下で実施した（表2-4-1）。初回（Class 1）には、受講生は授業の説明や教員の紹介を受けたあと、起業家のお話を伺った。続いてClass 2からは、デザイン思考を体験する例題的なプロジェクトとして、生協に対する事業アイデア提案プロジェクト「生協プロジェクト」を行った。このプロジェクトでは、受講生が生協の店舗に出向き、利用者の状況を観察したうえでその課題を捉え、課題解決のためのアイデアを考え、生協職員の方々に対して発表した。

　生協プロジェクトでデザイン思考を学んだ後は、オリジナルのビジネスプランの策定に入った。受講生は、ペルソナ・エンパシーマップ、顧客価値連鎖分析（CVCA：Customer Value Chain Analysis）など他のスキルも学びながら、自分たちのビジネスアイデアを考え、ゲストの方々のご講演やアイデアに対するフィードバックを踏まえつつ、アイデアを改善していった。その過程の中では経営学部のさまざまな授業との関係についても意識するよう促され、改善したアイデアを最終発表会で披露し、評価を受ける形で授

業は終了した。

　この授業は2019年度に始まり、2021年度の受講生は「SV演習第3期生」にあたる。過去2年間の経験では、社会経験の乏しい学生の考えるアイデアがどうしても実現性の低いものになってしまうという問題が明らかになってきたため、2021年度は授業実施上の改善点として、考えたアイデアに対して外部からのフィードバックを得ることを受講生に対して求めるこ

Class	日時		内容
Class 1	10/7	2限	イントロダクション
			ゲスト：（株）データミックス　代表取締役 堅田洋資氏
Class 2	10/14	2限	デザイン思考2：生協
Class 3	10/21	2限	デザイン思考2：生協
Class 4	10/28	2限	デザイン思考2：生協
Class 5	11/4	2限	デザイン思考2：生協
Class 6	11/11	2限	デザイン思考2：生協（最終発表会）
			チームプロジェクト
Class 7	11/18	2限	チームプロジェクト
			ゲスト：一般財団法人SFCフォーラム　事務局長 廣川克也氏
Class 8	11/25	2限	チームプロジェクト
			ゲスト：㈱インソース 代表取締役 執行役員社長 舟橋孝之 氏
Class 9	12/2	2限	チームプロジェクト
Class 10	12/9	2限	チームプロジェクト
			ゲスト：Plub & Play Japan 執行役員 COO 内木遼 氏
Class 11	12/16	2限	チームプロジェクト
			ゲスト：NPO法人しゃらく 理事 小嶋新 氏
Class 12	12/23	2限	チームプロジェクト
			ゲスト：神戸大学大学院経営学研究科 准教授 森村文一 先生
Class 13	1/13	2限	チームプロジェクト
			ゲスト：神戸大学大学院経営学研究科 准教授 宮尾学 先生
Class 14	1/20	2限	チームプロジェクト
			ゲスト：神戸大学 産官学連携本部 教授 熊野正樹 氏
Class 15	1/27	2限	チームプロジェクト（最終発表会）
			ゲスト（審査委員長）：
			（株）インソース　代表取締役 執行役員社長 船橋孝之氏

表2-4-1　授業内容

ととした。具体的には、授業後半の冬休み以降の時期を使い、授業外の時間でのインタビューなどの形で、実際にアイデアに関連する仕事をされている外部の方々からフィードバックを得ることで、考えたアイデアの妥当性を再検討し、最終発表に臨むことを求めた。この結果、ゲストの方々からは、今年度は前年度に比べてアイデアの実現可能性が高い、という評価を頂いた。また、過年度の経験を活かすことで、失敗を恐れない、創造性を高める、多様性を活かす、といった学生の思考や態度の変容を促す工夫についても以前よりも効果的に実施することができるようになっている。このように、教員側のスキルも年々向上しており、2022年度の授業においても改善を加え、より意義のある授業を目指していく予定である。

FBL：価値創造のための実践型FBL

忽那憲治

後期火曜日2限

担当教員

忽那憲治 神戸大学V.School 価値設計部門 部門長・大学院経営学研究科 教授

佐藤正和 神戸大学V.School 客員教授

安川幸男 神戸大学V.School 客員教授

寺田有美子 神戸大学V.School 客員教授

塩谷　愛 神戸大学V.School 客員准教授

上田浩史 神戸大学V.School 客員准教授

坂井貴行 神戸大学V.School 教授

保田隆明 神戸大学大学院経営学研究科 教授

　バブソン大学は30年近くにわたってアントレプレナーシップ部門で連続、全米第1位にランキングされているボストンにある名門大学である。本プログラムは、バブソン大学の山川恭弘先生と神戸大学V.Schoolの教員が連携して開講する「価値創造のための実践型FBL（Field-Based Learning）」である。バブソン大学の学部新入生向けの名物講義（学部1年生約500名の必須科目）として20年以上続いているFoundations of Management and Entrepreneurship（FME）の仕組みをアレンジして、V.Schoolの実践型FBLとして開講している。

　FMEはこのプログラムを通じて、ビジネスアイデアの成長可能性の検証と、人としての成長の2つを追求している。価値創造のための実践型FBLも、同じ目的の下にプログラムを設計しているが、ビジネスを起こす力を

身につけることが目的ではない。アイデアの創発とそれをプロトタイピングし、テストしたりしながら「思考力」と「実践力」を養うことを目的としており、あらゆる学生に強く求められている力と言える。

　学生が取り組む課題は、FBLを通じてグループ課題として徐々に固めていくことになる。①受講生の自己理解（やりたいことは何か）から始めるのでも、②日常生活における心の安らぎを考える（JTプロジェクト）でも、③アリーナを中核とする神戸市のまちづくり（スマートバリュープロジェクト）、④SDGsの17のゴールから解決したい課題は何かを考えることでもよい。

　このFBLは9ヶ月間の一貫プログラムであり、4月〜7月は、価値創造のためのアイデアの構想期間であり、8月〜12月は、価値創造のアイデアのPoC（Proof of Concept：検証）にグループで取り組む実践期間である。価値創造のアイデアの検証にあたっては、V.Schoolから1プロジェクト当たり30万円程度が支給され、学生が共同でチームを組んでPoCに取り組む。1チームは3〜5人程度で多様性のあるメンバーで組織する。

　このFBLでは価値創造のアイデアの優劣を競うのではなく、失敗・チャレンジの経験からの学びを競い、その学びの大きさで評価する。プロジェクトの最後の12月に実施する最終プレゼンは、PoCを実践した価値創造のアイデアについての学びと、人としての学びの両面の成果について学生はプレゼンする。

　つまり、講義目的は以下となる。起業家になることが目的ではなく、起業家のように考える。己を知り、「できること」よりも「やりたいこと」を突き詰める。生涯を掛けて情熱を持ち続けることができる問題を考える。想像力を養い、人とつながることで創造する。小さい失敗を繰り返しながら、柔軟に方向転換して解決策を探る。多くの人を巻き込み、仲間を増やし、行動して、失敗から学ぶ。

　上に述べたことは、学生が将来どのようなキャリアに進もうとも求められる思考（マインドセット）であり実践である。将来起業家になりたいと

思っている学生はもちろんのこと、むしろ大企業、中小企業（ファミリービジネス）、ベンチャー企業（スタートアップ）、NPO、公務員、研究者などのキャリアを進もうと思っている学生に是非受講してもらいたい。

著名な経営学者・経営思想家である故ピーター・ドラッカーは、『イノベーションと企業家精神』（ダイヤモンド社、1985年）の日本語版に向けての序文の中で、次のようなことを指摘している。したがって、同書の分析は、イノベーションを行うべき主体としての組織体について、ハイテク産業のベンチャービジネスのみならず、既存の企業、さらには公的サービス機関までを対象としている。

「イノベーション」や「企業家精神」という用語がハイテク産業だけに関わることだと勘違いされている。それらは、ハイテク産業だけではなく、ミドルテクやローテク、さらにはノーテク産業においてさえも重要なのである。イノベーションや企業家精神に関する議論が、多くの国々でハイテク産業に限定されて展開されることは危険で、山麓抜きに富士山の山頂を考えるに似ている。経済全体が企業家経済となっていないかぎり、何人も企業家とはなりえず、イノベーションの担い手とはなりえない。決定的に必要とされているのは、ハイテク産業における企業家精神よりも、むしろ経済全体における企業家精神である。

FBL-X：神戸市問題解決プロジェクト

砂川洋輝

後期火曜日4・5限
担当教員

内田浩史 神戸大学 V. School 価値創発部門 副部門長・大学院経営学研究科 教授
砂川洋輝 神戸大学 V. School 客員准教授

こどもの "読む" をデザインしてみた話

はじめに

　本稿は、神戸大学 V. School（以下「V. School」）の2021年度授業科目の
1つである。

　「FBL-X：神戸市課題解決プロジェクト」について、その概要や取り組
みの結果及び課題などを紹介することを目的とする。この授業は、神戸大
学の経営学部生と V. School 生、及び神戸市役所職員がチームを組み、神
戸市のまちづくり上の課題、具体的に2021年度は「こどもの読書習慣の
引き上げ」という課題を解決するため、デザイン思考やサービスデザイン
のプロセスを取り入れたプロジェクト型の授業である。なお、同科目の位
置づけと2020年度の授業内容については後述する参考文献（内田、2021）を
参照されたい。

授業概要

行政とデザイン思考

　昨今、デジタル化の進展などを背景として、社会情勢の急速な変化に伴い、個人のニーズや困りごとが多様化している。そのため、平均的な利用者を前提として開発されたサービスと、実際の利用者の満足感の間に、大きなギャップが生まれやすい状況となっている。そこで近年注目されているのが「デザイン思考」や「サービスデザイン」といった問題解決手法であり、利用者に寄り添った目線で問題を定義した上で、多様なステークホルダーとの協働を通じ、繰り返しアイデアやサービスを改善していくというプロセスが特徴である。特に地方自治体をはじめとする公共のプレイヤーは、これまでステレオタイプな"市民像"を前提としながら、長い期間をかけて計画を行った上で施策を実行することが多かったが、昨今の社会情勢の変化に伴い、デザイン思考的なプロセスを通じて利用者とともに考えながら価値を提供することを模索し始めている。

テーマの設定

　自治体と連携した、地域課題解決のためのデザイン思考の実践プロジェクトを実施するにあたり、最も重要であり調整が難しいのは初期のテーマ設定である。自治体が既に取り組んでいるような具体的な課題はデザイン思考のテーマとしてはやや狭すぎる傾向があるが、逆にテーマが広すぎると自治体の担当部署が定まらなかったり、プロジェクトのアウトプットのイメージが全くわからず、行政としてプロジェクトに協力しづらくなってしまうこともある。2021年度のテーマは、神戸市長田区の協力のもと、住民によるまちづくりに長期的に寄与するであろう「子どもの読書習慣の引き上げ」とすることとした。ここでは、小学校低学年の子たちを主な対象とした。子どもの読書習慣についてはこれまでさまざまな研究や取り組みがなされているが、今回のプロジェクトでは、より生活者に寄り添った視点

で問題を探索し、教育の文脈だけでない「読む体験」をデザインすること
を目的とした。

授業の構成

　授業の構成としては、スタンフォード大学が提唱している「共感、問題
定義、創造、プロトタイピング、テスト」というデザイン思考の基本的な
プロセスに沿って実施した。また、プロジェクトのチームは、主に神戸大
学内田ゼミの学生と神戸市役所職員による、1チーム5名程度のチームが
3つという体制であった。これらのチームに対し、講義とワークに対する
フィードバックを行い、さまざまな実践者や専門家が学生に対してメンタ
リングを行う形で進めた。

　各プロセスにおける具体的な活動は以下の通りである。

○共感

関係者へのインタビュー：長田区の公立図書館である新長田図書館の館長
や司書の方々へのインタビューや、地域で子どもの読書支援を行なってい
る長田区社会福祉協議会の方々、児童館や保育所の関係者にお話を伺った。
また、PTAを通じて、対象となる年齢の児童の保護者の方々にもお話を
伺った。

観　察：図書館でのイベントや、児童館などで、子どもの日常の行動につ
　　　　いて観察を行った。

ワーク：共感フェーズのまとめとして、具体的なユーザー像（ここでは子
　　　　どもまたはその親）を定義し、そのユーザーが感じていることを
　　　　エンパシーマップと呼ばれる手法で情報を整理した。

○定義

Point of View（ユーザーが抱える問題やニーズを定めるワーク）や、How
Might We クエスチョン（問題の切り口を定めるワーク。さまざまな切り

口で「どうしたら〜できるだろうか？」と考える）などを通じて、ユーザーが抱える問題を定義した。

〇プロトタイピング
プロトタイプによる効果（機能、文脈、デザインの検証）について講義を行ったのち、実際にプロトタイプを作成した。デジタルツールを用いてプロトタイピングを行うチームや、ペーパープロトタイピングを行うチームなど、各チームのアイデアによって柔軟に対応できるようにした。

〇テスト
PTAの方々や、児童館のご協力を得て、実際に学生が作成したプロトタイプを用いてテストを実施した。テストに向けて、テスト計画の立て方についても講義を行った。

〇提供
デモを含め、最終的なアイデアは長田区長を含む関係者に対してプレゼンテーションを行った。

〇その他
学生のアイデアを発散させたり、アイデアを何らかの形で他者に伝えるという意味で、授業の合間に中間報告会のような形でゲストのメンターにアイデアピッチを行い、それに対するフィードバックをいただいた。

実践結果

各チームのアイデア
チーム1「朝読読書交換」
　チーム1は、小学生の日常の行動を検討した結果、学校から帰宅した後

の家庭生活ではなく、小学校で実施するプログラムにすることで、より大きなインパクトを目指すアイデアを提案した。内容としては、子ども同士がお互いに本を紹介することで「楽しさの共有」を提供価値とするアイデアである。より詳細な内容は以下の記事を参考にしていただきたい。

uchidazemikobeのブログ　チーム1：
https://uchidazemikobe.hatenablog.com/entry/2022/02/12/133649

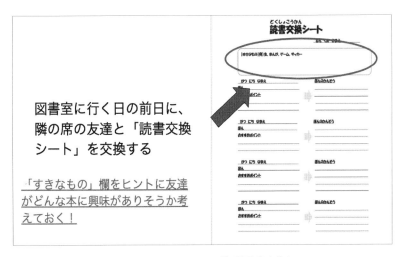

図2-6-1　チーム1「朝読読書交換」

チーム2「水みくじと縁結び」

　チーム2は、読書を習慣化するためのプロセスを分析し、「本に興味を持ってもらう」仕掛けと、「読書を習慣化させる」仕組みを一連の流れとしてデザインしたアイデアである。水みくじについては論理的に考えた結果ではなく、思いつきで出てきたアイデアではあるものの、ユーザーテスト

を通じて効果があることを検証しており、非常にデザイン思考的なアプローチだと言える。より詳細な内容は以下の記事を参考にしていただきたい。

uchidazemikobeのブログ　チーム2：
https://uchidazemikobe.hatenablog.com/entry/2022/02/27/172848

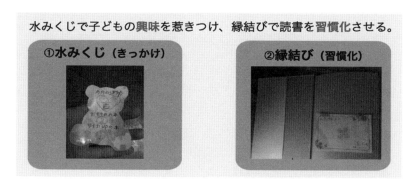

図2-6-2　チーム2「水みくじと縁結び」

チーム3　「日めくりカレンダー」
　チーム3は、子どもの読書習慣を、「親と子の両方に関わる問題」というように捉え、親子で読書を介したコミュニケーションを増やすことで間接的に読書習慣をつけてもらうアイデアを考えた。親子が集まるリビングなどの空間に、短い物語（500文字程度）が掲載された日めくりカレンダーをかけてもらい、コミュニケーションを誘発する仕掛けとして物語に関するなぞなぞを併記しておくというものである。なぞなぞについては、ユーザーテストを行った保護者のアイデアであり、ユーザーとの共創という意味でこちらもデザイン思考的だと言える。

図2-6-3　チーム3「日めくりカレンダー」

参加者の感想

参加した学生からは、以下のような感想が寄せられた。

1つのテーマについてじっくり考え抜く力が付いたと思う。「本当にこれでいいのか？」「もっといい施策はないか？」ということを常に考えながらプロジェクトを行えたのは前期のゼミと比べて大きな進歩だった。

自分は人の立場になって物事を考えることが得意だと自負していたが、プロジェクトの中でテストやインタビューをする中で、単純に考えるだけでは自分には見えない事があったり、アイデアも独りよがりになっていたりと気付くことが多くあった。

課題設定のフェーズが最も難しく、頭を悩ませました。与えられた課題を自分たちなりにブレイクダウンして、アプローチできる課題に落とし込

むプロセスを繰り返し行ったのですが、本当にこの課題であっているのかっていうところは何度も悩みました。最終的には、自分たちでも納得のいく課題感に落とせたのではないかと考えています。

今後の課題とまとめ

　今回の授業で明らかになった課題としては、以下の2点が挙げられる。

○社会実装に向けて、主体が不在となる

　各チームのアイデアは、社会実装するにあたってそれほど多くの費用が発生するものではなく、どちらかといえば取り組みやすいアイデアであった。しかしながら、最終報告会後に継続してプロジェクトが進むことはなかった。それぞれのアイデアは、授業に関わってくださったステークホルダーからの評価も上々ではあったものの、やはりアイデアを実装させるには主体である学生が継続して推進していく必要があったと思われる。あくまで授業として与えられたテーマに対して、授業終了後も学生が関わり続けるかどうかは運営としてコントロールが難しいが、ステークホルダーからの期待値を鑑みると、何らかの工夫が必要だと思われる。

○神戸市職員のプロジェクトへの関わり

　今回のプロジェクトでは、学生に混じって神戸市役所職員も研修としてプロジェクトに関わってもらった。しかしながら、デザイン思考のプロジェクトは往々にして"自主的な課外活動"の時間が発生するのが通例である。今回3名の神戸市職員に参加してもらったが、1名の職員は「業務時間内だけの活動ではチームに貢献することは難しい」ということで、途中離脱することになった。今後の職員の関わり方としては「一般職員は講義のみの参加」や「直接業務に関係する職員のみプロジェクトメンバーとして参加」といった、いくつかの関わり方を用意する必要があると思われる。

これら課題はあるものの、2021年度の授業内容は一昨年の反省を踏まえて、できるだけ多くの時間をインタビューなどに割り当てることで、参加する学生にとってより学びの大きいプロセスになったと思われる。最終報告会のアイデアについても、シンプルながらも本質的な課題に対してデザインを行なったという点で評価できるものである。最後に、本授業はさまざまな関係者のご支援・ご協力のもとに成立することができた。特に内田浩史教授（神戸大学大学院経営学研究科）には各種の調整に加え、授業の設計と実施を共同して担当していただいたき、改めて感謝申し上げる。

参考文献
内田浩史（2021）「神戸市課題解決プロジェクト」國部克彦・鶴田宏樹・祇園景子編『価値創造の教育―神戸大学バリュースクールの挑戦』第8章、神戸大学出版会

第 3 章

定期セミナー・
講演会

One Hyogo プロジェクト
「中小企業価値創造セミナー」

坂井貴行

　One Hyogoプロジェクト「中小企業価値創造セミナー」は、新型コロナウイルス感染症が本格的に拡大し始めた2020年4月、武田廣学長（当時）が全学の教職員を対象に募集した、新型コロナウイルス感染症対策を支援する研究・調査・支援・行動などのプロジェクトの中の一つとして、2020年度に発足したものである。本プロジェクトは、新型コロナウイルス感染症の拡大で世の中が混乱する中、売上が急激に減少し、資金繰りに不安を抱きながらも、事業の継続のために耐え忍んでいる地域の中小企業・小規模企業を支援することを目的としている。

　2021年度は、新型コロナウイルス感染症の早期終息を願い「ポストコロナに向けた次の一手」を統一テーマとした。我々が企画した中小企業価値創造セミナーは、第1期（2021年8月〜10月）、第2期（2021年12月〜2022年1月）の2期に分けて実施し、神戸大学六甲台第二キャンパス眺望館1階「V.スクールの場」で開催された。第1期では13社13名、第2期では10社10名の中小企業経営者・後継人材にご参加いただき、2期とも、全4回（1回あたり190分）で実施した。運営に関しては、2020年度と同様に、神戸信用金庫、トーマツ、神戸大学の3機関の連携により開催した。

　第1期では、第1回において、基調講演として、神戸大学大学院経営学研究科忽那憲治教授から、「ベンチャー型事業承継で強いファミリービジネスをつくる」というテーマでの講演の冒頭に、人口減少や少子化対策など我が国に山積する課題の中で、中小企業・小規模企業がどのような未来の姿を示すのかについて問題提起がなされた。続くトークセッションでは、家庭の至る所で利用されている「突っ張り棒」のトップシェアである、平

安伸銅工業株式会社 代表取締役 竹内香予子氏をお招きし、ベンチャー型事業承継の実践事例について、受講生とのディスカッションを交えながらご講演いただいた。

　第2期では、第1回において、基調講演として、筆者が「事例から学ぶイノベーション創出と事業化の勘どころ」というテーマで、産学連携から新たなイノベーションを創出した中小企業の事例を基に、産学連携によるイノベーション創出のプロセスや勘どころについて紹介した。続くトークセッションでは、産学連携によって工業用薬品商社からメーカーへの業態転換に成功した佐々木化学薬品株式会社 代表取締役 佐々木智一氏をお招きし、中小企業における産学連携の実践事例について、受講生とのディスカッションを交えながらご講演いただいた。

　第1期、第2期ともに、第2〜4回は、トーマツ地域未来創造室 松本修平氏が、「ポストコロナを掴むための成功事例と戦略解説」「事業リニューアルや新規事業創出方法」「製品のブランディングやマーケティング方法」「プレゼンテーションや事業計画の策定方法」などの中小企業経営に直結する内容について、演習を交えながら実施した。また本セミナーの最後には、神戸大学百年記念館において、デモデイ（事業プラン発表会）を開催し、本セミナーの学びを基に構想した受講生の事業プランを発表する機会を設けた。

　本プロジェクトは、新型コロナウイルス感染症の拡大で世の中が混乱する中、神戸大学バリュースクール価値設計部門として、地域社会に対して何が貢献できるかを所属する教員で議論を重ねて発足させたものである。また、本セミナーを受講した中小企業・小規模企業は、これまでほとんど大学と接点を持たなかった企業である。これをきっかけに大学研究者や学生と交流することで、新たな価値が生まれることを期待している。

プロフェッショナルバリュークリエイター

上田浩史

PVC（プロフェッショナルバリュークリエイター）とは？

概要

　神戸大学V.Schoolが提供する所定の講義および演習科目を取得し、新たな価値創造のできる革新的人材と認められる場合に、「神戸大学 Value Creator」の認証を付与している。

　開校にあたり、神戸大学V.Schoolにてより多くのValue Creatorを輩出すべく、各業界、各分野にて志を持ち、今までの常識を疑い、新しい道を切り拓き、価値創造するプロたちをプロフェッショナルバリュークリエイター（PVC：Professional Value Creator）と名付け、ゲストとして2ヶ月に一度のペースでご招待をし、講演、および受講生たちとディスカッションをするプロジェクトである。

結果

　総勢8名のさまざまなジャンルで活躍されるプロフェッショナルバリュークリエイターの皆さんに講演、講義して頂いた中で、バリュークリエイターが価値創造する上で大切にしていることを出会いを軸に3つにまとめている。

1.　人（環境）との出会い
　　価値創造する上で最も大切にして欲しいことは人とのご縁を大事にすることである。自分の人生は周囲の10人で決まり、出会いは偶然ではなく必然とよく言われる。バリュークリエイターは人との出会いをと

ても大切にしており、その繋がりから気づきやヒントを得て新しい価値を創造する、もしくは価値を高めるきっかけを掴んでいる。皆さんも価値創造をしたい場合はぜひ積極的に新しい出会いを求め、多くの価値観から刺激を受け、自分なりの独自の価値貢献を探求して欲しい。

2. 時間との出会い

人生で唯一貯金できないものが時間である。バリュークリエイターたちは共通して、時間を大事な資産と考え、濃く生きるように努めている。世界で全員が平等に、同じく与えられる1日、24時間。その時間をどのように生きるか、過ごすかで人生が豊かさは変わる。人生は時間の長さも大事だが、それ以上に濃さが大事で、人生で大きく影響を受ける。特に若い人は時間があるので、時間を味方につけて、さまざまな挑戦を繰り返し、自分が最も熱中、夢中にになれるものを見つけてもらいたい。

3. 言葉（本）との出会い

言葉には未来を創り出す力があると言われている。だからこそ、どんな言葉と出会うかで人生が大きく変わる可能性が高い。プロフェッショナルバリュークリエイターたちの発する言葉には魂がこもっており、1つ1つの言葉が記憶に残る。ぜひバリュークリエイターたちは多くの読書や人の出会いを通じて素敵な言葉と出会い、自分の世界、価値観、人生観を広めて行って欲しい。

最後に

価値創造をするためには日頃から社会に対する問題意識とアントレプレナーシップを持ち、先行きが不安な時代に次世代に希望をもたらす志あるバリュークリエイターがV.Schoolから輩出できるよう引き続き尽力したい。

第 4 章

価値創造
学生プロジェクト

価値創造学生プロジェクトとは

鶴田宏樹

　神戸大学 V.School とはどういうところかという問いに対して、我々 V.School教員は以下のように答える。V.Schoolとは、「教わるのではなく考え抜く場」であり、「情報ではなく気づきを得る場」で、「プランではなくプロトタイプの場」であると。「価値」というものは言うまでもなく多様である。その多様な「価値」は教師が学生に向けて行う講義などで教えられるものではなく、その場にいる人たちが共に問いを立てて考え抜くことで感じ取るものである。考え抜くために必要な情報は、教科書や論文、最新のニュース、インターネットからいつでも手に入れることができる。V.Schoolは情報を提供する場所ではなく、物事を捉える視点を提案し、価値創造につながる気づきを得る場である。考え抜くことで着想したアイデアやコンセプトを具体的な形にすることには勇気がいる。アイデアを考えるだけでなく、実際にモノやコトを創って提供する価値を世に問うてみる。それがV.Schoolという価値創造の場である。その場では、価値創造の図式である「価値創造スクエア」にあるように、個人や組織、社会の「期待」と「満足」、そして「課題」と「結果」が価値創造に関わる人間に共有されているのである。

　V.Schoolでは、教員の指示ではなく学生自らの興味・関心・期待に基づき、「問い」を立て提供価値を考え、実社会で仮説検証を行う「価値創造学生プロジェクト」を制度化している。大学内での規則などに則って活動するために、いわゆる「指導教員」がついているが、基本的に学生が主体となって企画・実施するプロジェクトである。V.Schoolで開講しているさまざまなPBL／FBLを受講することで学んだ考え方やスキルを駆使しながらプロジェクトを進めていくものである。我々 V.School教員は、学生が

プロジェクトを実施したことで得られる成果の良し悪しを評価するのではない。学生が自ら「何を」考え抜き、「どのような」気づきを得て、「どのように」提供価値を評価するのか、そのプロセスを体験して体得・体感したものを評価したいと考える。V. School は、「思索と創造のワンダーランド」であると表現することもある。価値創造学生プロジェクトは、ワンダーランドの中心にある学びのアトラクションなのである。

きづきの宝箱

杉浦愛未

メンバー

杉浦愛未 神戸大学海事科学部

松尾萌花 神戸大学海事科学部

今藤嵩大 神戸大学大学院農学研究科

指導教員

佐藤正和 神戸大学 V. School 客員教授

安川幸男 神戸大学 V. School 客員教授

　「きづきの宝箱」プロジェクトは、V.Schoolのある授業から誕生した。その授業では、2つの単語を組み合わせて新しいアイデアをとにかく多く発散するということを行った。「移動」×「PayPay」の組み合わせで、移動するとPayPayポイントが付与されるという安易な考えを出した。このシステムに興味をもってくださったメンバー 2人と合わせ、3人のチームでアイデアをブラッシュアップすることになった。

　まず、「移動の価値とは何か」という話し合いをした。電車通学する際、スマホを触ったり、読書をしたりする方々をいつも拝見しており、「移動」自体ではなく、「移動時間」にしか価値がないのではないかと感じていた。移動自体の価値を定義することに苦戦する中、チームの1人が「日常の些細な事で小さな幸せを感じたい」という話をしてくれた。この事が契機となり、移動の価値を日常の「気づき」として定義しようということになった。

　「気づき」とは何か、「気づき」を得るには何をしたらよいか、という難題に直面した。そもそも「気づき」というものは直接イノベーションに繋

がることは少なく、紆余曲折を経てイノベーションになることが多いため、いかに「気づき」に適切な具体性を加えられるかが問われた。そこで、具体的な「気づき」をイメージするために、ビジネス対象者を絞った。ビジネスには「共感」がポイントであるというお話を伺ったため、チームメンバーが大学生ということで、対象者も大学生にした。大学に関して学生にあまり知られていない興味深いことが「気づき」で、誰かが自分の「気づき」を共有して他の人の「気づき」になれば、「気づき」を得る機会が増えると思った。しかし、今度は既存のSNSとの差別化を図ることに苦戦した。SNSでは既に「気づき」に類似した内容を投稿している方もおり、決定的な違いが必要だった。その答えは本来の目的にあった。

　私たちは幾度の議論を重ね、アイデアを引き出すことに注力してしまい、本来の目的を見失っていることに気づいた。「移動」中の「気づき」がポイントであるため、「地図」ベースのアプリで共有するという考えが生まれた。コメントベースのTwitter、写真ベースのInstagramとは決定的な相違点ができると思った。アプリ実装を本格的に進めるにあたり、ユーザーの使い勝手や楽しさを考慮することは当然であるが、通常のアプリとは異なり、「移動に価値を与える」という目的をユーザーに理解してもらえる仕様にすることが困難を極めた。SNS世代にとって「投稿」行為は日常生活の一部であり、仕様次第で「気づき」の質が低下し、「移動」の価値が低下するという矛盾が生じかねなかった。目的が伝わるような応急処置として、ひとまず肝心の「気づき」の内容を制限することにした。チームの意図する具体的な「気づき」だけではなく、意図に沿わないような「気づき」もどのようなものかを共有した。「気づき」の内容が少しでも変わると目的に沿わなくなるため、チーム内でも認識に齟齬がないかを慎重に確認した。議論を重ねる中で、アプリの実装以前に、PoC（Proof of Concept）としてチームの考える「気づき」はチーム外の人にも「気づき」になりうるかを調査する必要が生じた。

　PoCとしてクイズ形式で移動中の「気づき」の内容をV.Schoolの方々

に共有することにした。「先端膜工学研究センターの外観は複数の多角形で構成されているが、その種類はいくつか」といった、移動中に見かけるものに関するクイズである。最初は移動中にあるどんなものでも興味深い内容が隠されているであろうと安易に考えていた。対象者がV.Schoolの方々ということで神戸大学構内の移動中にあるものに絞ることにしたが、実際は思い描く「気づき」が少なく、この時に初めて、移動自体の価値を高めることの難しさを痛感した。クイズ後のアンケートにおいても意見が極端に分かれ、改善の方向性に頭を悩ませた。「面白かった」という肯定的なご意見を頂いた一方で、「気づきが得られるようなクイズではなかった」という否定的なご意見も頂いた。多くのご意見を頂く中で、大きく2つ身に染みて感じたことがある。1つ目は、市場調査などをしないまま市場を自分の価値観で決めつけ、独り善がりな考えしか持てなかったことが失敗の原因ではないかということである。2つ目は、目的に忠実になり、論理的な議論にもっていくことがビジネスの基本姿勢ではないかということである。両者とも他者からすれば「気づき」に相当しない可能性があるが、チームの立場では、「気づき」に相当する内容である。

　本プロジェクトはビジネスの縮図であり、ビジネス案の出し方やビジネスに不可欠なことを体得する機会であった。プロジェクト進行にあたり、貴重なアドバイスをしてくださった先生方に感謝の意を表する。

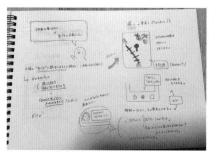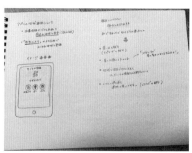

図4-2-1　「気づきの宝箱」アプリの概要メモ

アスリート手帳プロジェクト

久保雄一郎、田中良樹

メンバー

久保雄一郎 神戸大学大学院経営学研究科

田中良樹 神戸大学医学部

指導教員

佐藤正和 神戸大学 V. School 客員教授

活動内容について

　本プロジェクトではジュニアアスリートを対象に、モチベーションや体調管理などすべての競技に通じる汎用的な力を養成するためのアスリート手帳の開発を進めてきた。開発したプロダクトは、昨今の体調管理アプリのように簡易な記録と分析結果を得るだけでなく、手帳の活用を通して自らと向き合い、「内省」する時間を創出する仕組みを導入した。そして私たちは、ジュニアアスリートが「自ら考え、行動する」ことを通して競技力を向上させられるようなプロダクトの製作を意図し、実証実験（以下PoC）を行いながら試行錯誤を重ねてきた。

　現状として本プロジェクトは、デジタル化された社会であえて手帳という手に取れる "もの" があることで生まれる価値を大切にしている。そして、このアナログとデジタル双方のメリットを活かして手帳の効果を最大化することを目指している。具体的には、手帳に手書きするという一手間を加えることにより、アスリート自身の記憶定着や意識の向上を意図している。一方で、記録した情報はデジタル化し、データ分析やグラフにする

ことで有益な情報へと転換する。さらに、このデジタル化された情報を指導者と共有することにより、指導者とアスリート間で新しいコミュニケーションを促進する仕組みとなっている。

　これにより、アスリート視点では自らの状態を顧み、自身の状態を理解した上で競技活動を行うことが可能となる。また、指導者視点では、アスリートの状態を理解して適切な練習メニューを組むことが可能となる。つまり、内省による自己との対話と、情報共有による他者との対話を生み出すことでアスリートの日々の成長を支援する。

　さらに、私たちはエビデンスに直結するPoCの実施だけでなく、現場の声を取り入れたプロダクトを提供したいと考え、現地を訪問して指導者へのヒアリング調査やトップアスリートへの直接的な聞き込みを続けてきた。

活動を通して

　本プロジェクトチームがアスリート手帳の開発に至るまでに予想外のアクシデントは多々あった。当初は東京五輪に向けた事前キャンプに訪れたオリンピアンを対象とした「事前キャンプ手帳」の製作に従事してきたが、パンデミックの発生を受けて新たに感染症に関する情報や対策のチェックシートを作成し新たな価値を追加してきた。その後、さらに事業を転換し、現在のジュニアアスリートに向けたアナログとデジタルのハイブリッド仕様の手帳の製作に至っている。これまでの活動を振り返ると、まさにV.Schoolで学んだエフェクチュエーションの実践であった。

　そして、PoCにご協力を頂いた余市ジャンプ少年団の皆様、ブルボンウォーターポロクラブ柏崎の皆様をはじめ、支援して下さった皆様へ感謝の意を忘れることなく、得られた知識と経験を体系化しながら試行錯誤を重ねたい。

今後の展望について

　先述の通り、現状として本プロジェクトは（ジュニア）アスリートを対

象としているが、今後は現行のプロダクト開発に加え、主に年配層の利用を想定したヘルスケア手帳の開発などといったヘルスケア領域に事業を展開していく。「アナログとデジタル双方のメリットを最大限活用する」という本プロジェクトの考え方は、海外と比較して医療やヘルスケアのデジタル化が遅れているとされる日本において、重要な役割を担うと考えられるからである。

　インターネットやデジタル機器の利用環境が整っているとされる若い世代のほうがデジタルヘルスを利用しやすく、利用に対する抵抗も少ないことが推測される。その一方で、年配層を中心としたデジタル機器などになじみの薄い世代は、デジタルシステムの利用に抵抗を感じることも少なくないと考えられる。つまり、一元的なシステムでは対応範囲に限界が生じてしまう可能性が少なくない。

　したがって、私たちは「アナログとデジタル双方のメリットを最大限活用する」といった考え方を主軸として、ヘルスケア部門でも全世代の人々に対するアクセシビリティや、生活環境の違いに配慮しながら社会に貢献できる事業展開を心掛け続けたいと考えている。

図4-3-1　開発中のアスリート手帳の表紙・裏表紙（デザイン：共同印刷工業株式会社）

クラフトチョコレート

長野亘孝

メンバー

長野亘孝 神戸大学大学院経営学研究科

指導教員

國部克彦 神戸大学 V. School　スクール長・大学院経営学研究科 教授

佐藤正和 神戸大学 V. School　客員教授

安川幸男 神戸大学 V. School　客員教授

　神戸大学経営学研究科の博士後期課程に在籍し、Bean to bar chocolate NAGANO というクラフトチョコレート事業を神戸市の住吉に創業した長野亘孝と申します。神戸大学が V. School を立ち上げた時に、私はアントレプレナーシップに関心を持っており、すぐに 1 期生として参加するに至った。V. School では、学部を横断した教員や学生、さらに実務家の教員も集まり、さまざまな角度から講義が行われた。一流の実務家先生や、経営学以外の先生との出会いが今の事業活動に繋がっている。

　2020 年夏、私の誕生日に一枚のチョコレートに出会った。そのチョコレートの美味しさに衝撃を受け、それまでチョコレートを全然食べてこなかった私がカカオやチョコレートに興味を持ち始めるようになった。単純に「もっとチョコレートのことを知りたい」と図書館や文献を集め出し、1 か月間家に帰る時間も惜しみ研究室でチョコレートやカカオ豆のことを調べ始めた（ちょうど夏休みだった）。次第に文献を調べる目的が変わっていく中で私は、「どうすればカカオ豆からチョコレートを作れるのか？」「どうすればオリジナルのチョコレートを作れるのか？」に学びを変えて

いった。カカオ豆からチョコレートを作る工程は、主にカカオ豆の厳選・選定・焙煎・粉砕・風選（カカオ豆と殻を分ける作業）・コンチング（カカオ豆をすり潰していく工程）・テンパリング（調温作業）・成形・箱詰めなど9つある。私はオリジナルのチョコレートを作るために必要な工程を、焙煎とコンチングだと特定し、膝を叩いて「そうだったのか」と理解した。

　それ以降、文献調査から試作段階に移行した。最初自宅には機材や材料を一切揃っておらず、すべて手作業でベランダとキッチンにカカオ豆の皮をまき散らしながらチョコレート作りを行った。最初に扱ったベトナム産ベンチェ省のカカオ豆であり、世界的にも希少価値がありフルーティーなカカオ豆だった。上記で挙げた2工程の焙煎は、少量ずつカカオ豆を焙煎し、時間×温度＝結果を測定し、データ化していった。次に、コンチングも同様に30分ごとにフレーバーの変化を測定していった。複数のカカオ豆でも同様にデータ収集を行うことで、自分オリジナルのクラフトチョコレートの製造ができるところに至った。

　クラフトチョコレートを試作する過程と並行して、秋から神戸グローバルアントレプレナープログラム（以下、GEEP）やその他にも参加しており、メンタリングを週2、3回程度受けながら自分の事業アイデアをピッチしていった。その時期、V.SchoolではJTプロジェクトが始まり、「自分のチョコレートを事業化していくには？」という視点を持ちながら、講義に参加した。週に2、3回のピッチを繰り返し、可能性を探索しつつも自分の事業のコアを固める過程は簡単でなかった。例えば、多くの事業は何か×何かの組み合わせで行われていることが多いので、チョコレート×何かで新しいチョコレートビジネスができるのではないか？と助言を頂き、100個ほど組み合わせパターンを作ったがピンとくるものはなかった。おそらくその時点で自分が、「なぜ事業活動を行うのか？」というミッションを持てていなかったため、単なる言葉遊びに終始してしまったのだろう。ピッチを繰り返し、V.Schoolで講義を受けながら、「クラフトチョコレート事業」をコアにしながらも、さまざまな事業アイデアが生まれては消えていった。

私のクラフトチョコレートの事業化が進展する大きな転機は、GEEPと V. School で講義を持たれている佐藤正和客員教授との出会いであった。佐藤氏は、複数以上の起業を行ってきたシリアルアントレプレナーである。最初に会話する契機となったのは、佐藤氏がGEEPでビジネスモデルの設計と社会実装に関して講義をされ、講義後に質問したことでピッチの機会を頂いた。新しく考えたクラフトチョコレートをコアとした事業アイデアは箸にも棒にもかからなかった。しかし、事業を作る際には、さまざまな視点で積み上げていくものなのかと理解した。例えば、どんなペルソナを設定しているのか、商品の販売方法、いかにマーケットフィットさせていくのか、課題解決と価値創造のストーリー、事業化する前にPoC（Proof of Concept：概念実証）を行うなどさまざまなアドバイスを頂いた。つまり、それぞれが複合的に重なり相乗していく事業を形にしなくてはならないという意味だと理解した。それ以降、私は「個性溢れる社会を作る」という目的を達成すべく、クラフトチョコレート事業という手段と捉えるようになった。

　学校や会社に属することは、組織の考え方に沿って自分を合わせていく必要があると考える。組織の考え方に自分を合わせることは、本来の自分らしく在り続けることを難しくしているのではないか。組織の都合や利益が優先され、本来在りたい個人の在り方を続けられないことは、その個人が幸せに生きることにどれほど影響を与えるだろうか。組織に属すると給料や社会保障が得られるので、生活に必要なこととして捉えられるかもしれない。しかし、本来の自分の在り方を抑えすぎているのではないか？という問題意識から、「個性溢れる社会を作る」と考えるようになった。具体的には、カカオ豆の個性を最大限引き出して、今まで食べたことのないクラフトチョコレートを提供する。召し上がった方は、驚きがあると共に「そうゆうカカオの個性もいいよね」と個性を承認し、そこで1度個性の承認が生まれ、メタファーとして自分も人と違う部分があるが組織で少し自分らしく在ってもいいかと1歩踏み出すきっかけになればと考え、カカオ

に向き合うようになった。こうして私は、自分の中で成し遂げなければならない自分ごととして事業を捉えるようになっていった。

　同時並行でV.Schoolの講義にも参加しており、JTがスポンサーとして学生の活動を支援する実践型のJTプロジェクトという講義があった。その講義では、主に学生がアイデアをPoCしていくことを前提としており、世の中の需要と自分が考えていることは一致しているかを確認する大切さを伝えていた。私はCAMPFIRE社のクラウドファンディングでPoCを実施し、私の掲げるミッションである「個性溢れる社会を作る」を実現するために、クラフトチョコレートという手段を選択する場合、どれだけの方々が共感してくださるのかを知るために実施した。その講義内でも佐藤氏を始め多くの講師陣には伴走してもらっており、私の想いを込めた2万字を超える文章は長すぎるので短くすることや、写真撮影、LP作成、どうしたら応援購入したくなるのか沢山の助言を頂いた。1番困ったのが、私の文章は基本的に長く、どこを削っていけばいいのかという問題は1週間悩みに悩んだ。私は悩みながらも文章を少しずつ削っていくことで、より読み手に伝えたいメッセージを作ることの重要性を学んだ。最終的にクラウドファンディングに記載する文章は7000字まで短くなったものの、逆に読み手に伝わりやすくなった。クラウドファンディングに向けての準備は、苦労したが私の意図や考えを相手にお伝えすることに真剣に向き合えた日々を送れたのは、まさにJTプロジェクトのおかげだった。結果的に、「独自製法でザクザクした食感！ カカオの旨味を凝縮！ 五感で楽しむクラフトチョコレート」というプロジェクトは、2021年の3月から実施し、目標金額50万円に対し、200万円の応援購入して頂いた。その後、2021年8月8日に私は神戸市の住吉でクラフトチョコレート店を創業した。今後の展望は、世界で認知される日本発のチョコレート店を展開していきたい。

　ここまで私の事業化に向けた活動をV.Schoolでの学びや出会いを中心に記述してきた。最後に、V.Schoolで感じたことを少しまとめて終えたい。V.Schoolでは、分野横断的にさまざまな講義が行われるものの、私は価値

創造に関する講義を中心に出席した。そこでの講義は、決して起業を目指すためだけの講義でもなく、変化の激しい社会で価値をいかに創出し、提供していくのかを包括的に学べる場であったと感じた。また、普段接することのない分野の講師陣が揃うので、自分が目指す人生の指標となる講師や考え方も学べる場であったと感じた。多くの講師陣が多様な分野であったことも、多くの視点や活動が共存することを容認する場になったことと考える。私の起業はあくまでV.School内だけで完結したものでないが、V.Schoolを通じて佐藤氏に出会ったことが、私をアントレプレナーにしてくれたことは間違いなく、感謝してもしきれない。佐藤氏は、事業の考え方や知識を親身に伝達してくれたが、一番大きな教えは、責任だと個人的に感じている。佐藤氏は、私に責任という言葉をまだ使ったことはないのだが、何かを始めるとき、終えるときすべてに責任があり、責任があるから真剣に仕事へ取り組めると教えてくれていると考えている。大学にV.Schoolのような場があることで、学生は自分の在り方を見つめ直し、考え、自己実現していける契機になれば良いと感じている。

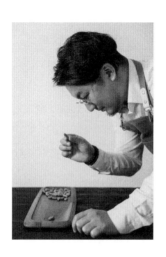

図4-4-1　カカオを観察する著者

淡路島地域創生プロジェクト

初島圭亮

メンバー

初島圭亮 神戸大学経営学部

伊藤和希 神戸大学経営学部

河村広樹 神戸大学経営学部

佐野　青 神戸大学経営学部

森　洸樹 神戸大学経営学部

指導教員

國部克彦 神戸大学V. School　スクール長・大学院経営学研究科 教授

「小人は縁に気づかず。中人は縁を生かせず。大人は袖すり合う縁も縁とする。」

　この言葉は株式会社パソナグループ代表取締役グループ代表である南部靖之氏と昼食をご一緒させていただいた際に、教えていただいた中国のことわざである。人との縁、その出会いの重要さに気付けるかどうか、そしてその縁を活かせるかどうかで、その人の人生が決まっていくもので、物事を大成させる人というのは、些細なチャンスを逃さず、人との出会いを大切にするという意味である。私が所属する國部研究室のメンバー5名で取り組んだ「淡路島地域創生プロジェクト」はこのことわざに言い表せる活動内容であった。

　國部研究室は「企業経営と社会的価値創造」を研究主題としており、企業の社会的価値創造についての企業活動の分析や、身の回りにある社会課題の解決という視点から具体的に研究調査をしている。その中で、私は地

域活性化に関心を持ち、研究室のメンバー5名でチームを結成し、私の母の実家があり、私自身も幼少期から多くの時間を過ごし、思い入れのある地域である兵庫県の淡路島を対象に地域創生プロジェクトを2020年8月に立ち上げた。

　プロジェクトの初期段階では、淡路島の高校生を対象に神戸大学の学生が大学受験などのサポートを行うオンライン面談の活動を計画していた。これは私が大学受験予備校でアルバイトをしていた際に、淡路島には大学生がほとんどいないことを知り、大学受験を控える淡路島の高校生は情報不足な環境に困っているのではないかと考えたからである。島内高校生と大学生が定期的に関わる機会をつくるため、淡路島に実際に足を運び、県立洲本高校、県立津名高校、私立蒼開高校の3高校関係者を対象に聞き取り調査を行った。この調査を進める中で、私は果たして淡路島で大学受験サポートを行うことが、地域社会への貢献に繋がるのかを疑問に感じた。というのも、島内高校生や高校教員の方々からお話を伺うと大学受験に大きな課題を持っているように感じられなかったからである。プロジェクトはここで一度振り出しに戻ってしまった。

　この時期に指導教員の國部先生やV.Schoolの教員の方々に協力していただきながら、淡路島において何が課題でどういったアプローチをすることが良いかをチームメンバーで話し合った。その中で、淡路島の生産年齢人口減少が地域課題であり、それは大学が淡路島内に少ないため、島内高校生は大学進学の際に島外へ出ていく必要性が高く、それが1つ大きな要因になっているのではないか、という考えが生まれた。大学進学で島外に出ていくことは仕方がないため、どうすれば戻ってきてもらえるかが重要であると考え、Uターンの仕組みづくりをする計画へと変化した。

　Uターンの仕組みづくりを考える上で、また新たに淡路島でのアンケート調査と聞き取り調査を実施した。アンケート調査では、550名の島内高校生からの回答を得られ、聞き取り調査では、淡路島の自治体や高校・企業など計18名の方々からお話を伺うことができた。これらの調査からは大

きく3つの事が判明した。1つ目は、淡路島の高校生は看護や公務員などの仕事を希望する実務的思考な学生が多く、大学に行っても選択肢が広がるという考えを持たない人が多いということ。2つ目は、近年は淡路市だけでも企業誘致で24社500人規模の新しい雇用が生まれている一方で、学生は意外と生活圏外の島内のことは知らず、企業情報は知らないため島内には仕事がないと思っているということである。3つ目は、淡路島での企業情報入手方法は自治体の発行する企業概要冊子、企業のホームページ、ハローワークが主であり、学生向けのモノはなく魅力が伝わりにくいということである。これらの調査内容から、大学進学で島外へ出て行ってしまう前の高校生に対して、立場の近い大学生が島内企業と協力して企業情報を提供することで、高校生は企業情報を知った状態で島外に行くため、就職活動の際にUターンするケースが増えるのではないかという仮説を立てた。

この仮説検証のため、実際にウェブサイトを作成し、高校生向けの企業情報提供活動を行うことにした。ウェブサイトを作成する上で、2つのポイントを意識した。1つは、大学受験に関する情報も併せて掲載したことである。私たちが大学生であるという武器を利用し、高校生が私たちのウェブサイトを開いてもらえるきっかけ作りとして直近の関心事である大学受験に関して大学生にインタビューを行い、記事にして掲載した。もう1つは、企業情報を「人」にフォーカスしたことである。高校生にお話を伺った際、自分が淡路島で働くイメージが持てないといった意見があったので、企業で働く人がどのように働いているかに関する情報を提供することで、その企業で働く魅力の宣伝とキャリア形成の参考になり、働くイメージを持ってもらいやすくなると考えたからである。

仮説検証に関してだが、高校生が大学進学した後、Uターン就職する人口が増加するかの結果を得るには時間がかかるため、私たちのチーム活動は淡路島の企業に協力していただけるような価値を持つのかで判断することにした。結果として、2021年12月時点で、淡路市長の門康彦氏や淡路ハイウェイオアシスの岩鼻課長、ICE-UPの多田店主、淡陽信用組合の新

井部長、薫寿堂の福永会長、ホテルニューアワジグループの木下社長、豊生ケアサービスの原田代表など、計22名の方々からのインタビューへのご協力を得ることができた。また淡路市役所、NPO法人島くらし淡路、淡路県民局といった淡路島の地域社会において影響力をもつ自治体との協力体制をつくることができた。これらの結果から大学生による高校生に対する企業情報提供は、淡路島の地域社会活性化への貢献価値があると判断した。

　このプロジェクトは多くの方々との出会いがあり、その方々1つ1つの出会いが計50名を超える方々との繋がりをつくることができた。また、当初のメンバー5人で計画していた高校生への大学受験サポートを行うという活動内容から、50名を超える出会いの繋がりを得たことによって、淡路島の生産年齢人口減少の課題を解決するためにUターン施策を考えるというより大きな規模の活動に取り組むことができた。人との出会いを大切にし、現地に何度も足を運び、積極的に行動した結果である。まさしく「大人は袖すり合う縁も縁とする」が示す教えの大切さを知った。

図4-5-1　淡路島地域創生プロジェクトのホームページ

神戸アリーナプロジェクト1

井城龍昇

メンバー

阪本美月 神戸大学国際人間科学部

井城龍昇 神戸大学経営学部

趙　唯可 神戸大学大学院経営学研究科

久保雄一郎 神戸大学大学院経営学研究科

河野裕宜 神戸大学大学院工学研究科

指導教員

熊野正樹 神戸大学産官学連携本部 教授

小田展正 神戸大学V.School 学術研究員

図4-6-1　マルシェのロゴ

　価値創造のための実践型FBL　神戸アリーナプロジェクトでは、学部や学年が異なる多様なメンバー5名と、2021年7月〜12月にかけて取り組みを行い、プロバスケットボールBリーグ西宮ストークス様の試合会場にて、社会課題認知と地域活性化をコンセプトとしたマルシェイベントを開催した。

　2021年11月27・28日の2日間、Bリーグ西宮ストークス様の試合会場にて、繰り返し使える木製ストローや、海洋プラスチックをアップサイクルしたアクセサリー、フードロスになってしまったお菓子、兵庫県内で生産された野菜などを販売するマルシェイベントを開催し、多くの方々にお越しいただくことができた。

　本プロジェクトは、コンセプト検証（PoC）としてアリーナ空間における社会課題認知に対する効果の検証を行い、アリーナ空間と社会課題解決との親和性の高さを強く感じた。「応援」という強い肯定的関心力をもつス

ポーツファンと、ソーシャルグッドな取り組みを行う人々との共通項としての「共感」が大きな価値を生んだのではないかと考える。現地で行ったアンケート調査では、社会課題の認知を十分できた、または、できたという回答が全体の96%であった。多様な人々が集う寛容的な空間であるアリーナは、社会課題に対する大きな影響力を持つ空間であるということを学んだ。

　私達は、まちづくりにおけるアリーナ空間の機能に着目し、来場者も地域住民も集い、ワクワクできるような空間を目指した。このマルシェイベントを開催するにあたって、チーム発足時の7月から何度も議論と行動を繰り返してきた。アイデアの構想段階では、メンバーそれぞれの「やりたいこと」の具体化が難しく、アリーナが建設前であることからアイデアの実行手段についても難しさを感じていた。そこで私達は、「何を知り、誰を知っているのか」を認識し、それらを武器として、実践を行った。自分達だけで完成させようとするのではなく、多くの人を巻き込み、共創することでより豊かな価値創造ができることを学んだ。

　本プロジェクトを振り返り、PoCを実践したアイデアについての学びだけではなく、人としての学びを得られたと感じている。実際に行動することでしか得られない学びがあり、その行動を発信することで他者からのフィードバックが得られる。実践と内省を繰り返し、主観と客観を往復することで、V. Schoolでこれまでに学んだことが、経験としての知識につながったと感じている。

　本プロジェクト通して得られたさまざまな学びや気付きは、実践を行ったからこその収穫であり、今後もこの学びを活かし、プロジェクトを継続して取り組む予定である。

　終わりに、本プロジェクトにご支援いただいた株式会社スマートバリュー代表取締役社長の渋谷順氏、ご協力いただいた株式会社ストークスの皆様、出店企業の皆様、ご指導いただいたメンターの小田展正先生、熊野正樹先生をはじめ、V. Schoolの先生方や事務の皆様、共に活動を行ったプロジェクトメンバーに感謝申し上げます。本当にありがとうございました。

神戸アリーナプロジェクト2

Badur Un Nisa

メンバー

Badur Un Nisa　神戸大学大学院保健学研究科
山本悠斗　神戸大学経済学部
成浦和音　神戸大学農学部
Tao Xin　神戸大学大学院経営学研究科

指導教員

保田隆明　神戸大学大学院経営学研究科　教授
塩谷　愛　神戸大学V. School　客員准教授

　私たちは、水上バイクと酸素カプセルを通して神戸アリーナの価値を高めるための活動をした。

　メンバーは学部学科が異なる4人で、アイデアも異なったが、神戸市と神戸アリーナに共通の関心を持っていた。神戸アリーナの調査では、まず神戸市の問題点として神戸の海はゴミによる汚染が進んでいることを知った。そこで私たちは、海をきれいにし、海の景観を楽しむための方法を考えた。まずは神戸の海で水上バイクを楽しむというアイデアを思いつき、それについてさらに探索を進め、水上バイクを借りられる場所を見つけたが、残念ながらその水上バイクは事故で借りることができなかった。その結果、私たちはそのアイデアをそれ以上追求できなかった。後日、さかなの学校（神戸市農水産課）との打ち合わせを行い、ボトルキャップが汚染の原因の1つであることを学んだ。

　並行して、神戸アリーナでの酸素カプセルの使用を検討し始めた。神戸

アリーナはすでにアスリートに人気のスポットであるが、私たちはそれを
アスリートだけでなくすべての人のための場所にしたかった。調査を進め
ると、神戸アリーナにアシックスジムがあることが分かり、Proof of
Concept（概念実証）の活動としてアシックスと連携してアイデアをさら
に発展させることを考えた。神戸アリーナの社長とアシックスの社長と私
たちとのミーティングを設けた。アシックス社長と高圧酸素さらに塩療法
について話し合い、東京の低圧および高圧酸素サービスを備えたアシック
スのスポーツ施設の情報を共有した。プロジェクトをさらに進めるために、
東京のアシックススポーツ施設を訪問した。さらに、日本の酸素カプセル
メーカーである静岡県の日本気圧バルク工業株式会社の社長と連絡を取り、
教授とチームの2人の学生メンバーがアシックススポーツコンプレックス
と日本気圧バルク工業を見学した。優れた医療サービススペースを直接目
にする機会を得られて、とても嬉しかった。アシックススポーツコンプレッ
クスは、トレーニングをするための広くて素晴らしい場所である。私たち
チームのメンバーはアシックススポーツコンプレックスの酸素装置システ
ムについて深く学び、アシックススポーツコンプレックスによるアスリー
トのためのさまざまな種類のサービスについて尋ねた。アシックスの研究
にも関心を持っていたので、将来的には神戸大学大学院健康科学研究科と
共同研究の可能性について話し合い、神戸のアシックス研究所を紹介して
もらった。研究所を訪問してプロジェクトを進める計画を考えた。
　日本気圧バルク工業では、健康維持製品（パキスタンから40トンの塩を
輸入し、販売している）の開発にも携わっており、同社は製品の製造から
販売まで行っている。さらに酸素カプセルの製造工程についても学んだ。
同社の製品について学ぶ中で、実用的で使いやすいシンプルなデザインの
車椅子を目にして驚いた（図4-7-1）。日本気圧バルク工業の製品には、高
解像度のディスプレイ画面の作成も含まれる。価格はとてもリーズナブル
なようである。日本気圧バルク工業について私たちが学んだもう1つの興
味深い点は、同社の顧客がGoogleマップを介して会社を訪問できること

である。酸素カプセル内もGoogleマップから見学できるのである。日本気圧バルク工業の酸素カプセルは歯科医院で使われているとのことで、実際に現場を見学し、どのように使われているかを知ることができた。

　両社の顧客や製品は異なるが、顧客のニーズを満足させたいという非常に高い意識がある。これからの展望としては、神戸アリーナで健康啓発イベントを開催したいと考えている。水上バイクの計画はうまくいかなかったものの、神戸アリーナの付加価値を考えながら、さまざまな取り組みを行い、できる限りのことを試みたい。今回、私たちはアイデアを実現するために、さまざまな施設訪問や見学、さらにたくさんの会議を開催した。また、自己研鑽や積極的に他者を巻き込むことで、プロジェクトが進んでいくのを実感した。私たちのスキルやアイデアを現場で試す機会が与えられたことに感謝している。先生方や中間報告で積極的に意見を述べてくださった方々など、多くの方々のご支援のおかげである。今後も活動を続けていきたいと思っている。

図4-7-1　車椅子の試乗

コミュニティ─教育

北村真弥

メンバー

福井凌玖 神戸大学経済学部

Badur Un Nisa 神戸大学大学院保健学研究科

南 里奈 神戸大学国際人間科学部

北村真弥 神戸大学国際人間科学部

篠原大輝 神戸大学経営学部

指導教員

坂井貴行 神戸大学V.School 教授

寺田有美子 神戸大学V.School 客員教授

　私たちコミュニティ─教育チームは、「雑談」を通して自身や他者のことを知り、新たな価値を生み出すという活動に取り組んだ。メンバーは学部学科が異なる5人で構成されたが、「コミュニティ」や「教育」に関心を持つ点で共通していた。

　話し合いを通して、私たち自身を中心にスタートし、新たな「場」を作るために、主に3つの共通した「場」への欲求に注目した。その3つとは、①自分の本心や疑問を安心して話せる「場」、②自己認識をできる「場」、③日常の出来事を共有できる「場」である。そこから、この3つの「場」を形成するために、伝達すべき明確な事項がなく、「無駄」だと思われている「雑談」を活用して、価値創造を進める方針で取り組むことに決定した。それには、私たち自身がミーティングの中で、プロジェクトとは関係のないと思われている日常のことなどを共有して脱線することが多いが、

その時間がとても充実感を与えてくれているという実感があったことが背景にある。

　上記の方針と今できることを試すという心持ちに基づいて、PoCプランの活動として計4回の雑談会を開いた。参加者は各メンバーやメンターの先生方が募り、雑談はzoomのブレイクアウトルームを活用して、各ブレイクアウトルームあたり5人程度ずつの人数で行った。参加者の属性は、他大学の学生や海外の学生、中小企業の社長さんや起業された方々など多様であった。

　結果として、雑談を通じて、「他者の視点」と「他者からの情報」が得られることが分かった。また、自己発見、自己肯定、自分の仕事に生かす、人生の教訓を得る、他者を理解することが可能であるということが実体験やアンケートから判明した。例えば、筋トレが好きなため、多くの肉体労働を頼まれるが、筋トレに力を使いたいため、不服だという声を聴いて、自分も仕事で同様の思いがあることを知ることや、なぜその趣味を持っているのかを他人からの質問によって再考することができた。

　これからの展望としては、より普遍性を持ったV. School式雑談を確立することと各メンバーが特に興味関心のある分野に雑談を生かしていくことを考えている。前者では、参加人数や参加者の募り方、テーマ設定や自己発見のための時間を設けるなどである。また、目的を持たないはずの雑談が、自己発見などの目的が先行するものになってしまうのではないかという意見もあり、「場」と雑談の関係性を再度考察し、検証していきたい。後者では、雑談を通しての高齢者の潜在的ニーズの発見や、農業に関連した雑談の調査などである。

　活動を通して、コミュニティの創生を計画する中で、細かいアイデアは各自にあるものの、それを形にすることができないという課題に直面した。そこで、できることからやってみることで一致し、雑談会を開いて乗り越えた。また、自己中心から始め、他人を巻き込んでいくことで得られる立場や感情の変化、そしてさらなる行動の変化について体感した。

チームのほぼ全員が１年生であり、なかなか活動が進まない中で、ファシリテートしてくださった先生方や中間報告で積極的に意見をくださった方々など、多くの人々の支えに感謝しつつ、今後とも活動に取り組んでいきたい。

	第１回	第２回	第３回	第４回
日時	2021/10/27	2021/11/06	2021/11/24	2021/12/4
参加人数	13人	15人	20人	26人
テーマ	出身地ギャップ	社会人と学生間のギャップ	働くとは？	趣味ってありますか？

★テーマ設定は話始めの手がかりに提示し、雑談する中ではテーマを意識することの不必要性を事前に告知した。

表4-8-1　雑談会

工場─大学発信／工場見学

澤岡善光

メンバー

澤岡善光 神戸大学海事科学部

和田拓人 神戸大学大学院経営学研究科

山本悠斗 神戸大学経済学部

指導教員

安川幸男 神戸大学V.School 客員教授

　チーム発足のきっかけは、V.SchoolのFBLと呼ばれるプログラムである。FBLは、自由に活動内容を設定し、先生方のアドバイスを受けながら課題解決を行うというものである。活動内容を検討する過程で、メンバーの一人が、大学の講義ではケーススタディーとして製造業の話をよく聞くが、現場のイメージがつかないことに課題感を感じていた。そこで、機会があれば訪問したいと思い、メンバーを募ったことが発端となった。チームの方針として、日本企業の9割は中小企業であるため、日本経済を支える現場に足を運び、知ることに重きをおいた。その後は、地域経済を活性化するのに学生が関わることができないかを考え、主体的に働きかけながら活動を行った。

　2021年度の活動として、3社の中小企業を訪問した。1つ目は広島のメッキ加工を行っている企業、2つ目は大阪にある金型の企業、3つ目は兵庫にある重工機器部品を製造している企業である。

広島のメッキ事業会社の訪問と協業

　FBLで発足した工場班チームは、はじめてのPoC活動にて安川先生の繋がりがある企業の工場訪問を行った。訪問した企業は新規事業立ち上げ活動を行いたいと考えているタイミングであった。その背景として、コロナウイルスの影響によって本業の需要が不安定になっていたことや、同社の強みである障碍者雇用に関する法律の改定などの外部環境要因があった。話を進めていくうちに、工場班チームはその新規事業の立ち上げを手伝うこととなった。具体的に行ったこととしては、隔週のミーティングでの事業内容の検討、事業で活用するロゴの提案、コーポレートカラーの提案、WEBデザインの提案、市場調査などである。立ち上げの過程で、再度訪問し今の窮状をどのように打開するか、どのような方針で経営しているのかなど入念に話し合い、新規事業の位置づけや必要性を学んだ。

　12月には、外部企業を巻き込んだイベントにおける同社の新規事業の発表に参加し、その場にいた他の広島の企業様との交流の機会も得られた。新規事業の発表に伴い、実際にアイデアを形にしていくため、プロトタイプの作成やその作成したものを主軸に新規事業の走り出しの支援を行った。結果として、工場班チームとしては、新規事業の立ち上げの土台作りのところを支援でき、また、それによって、中小企業の現状や現場をより深く知ることができた。

　また、チームメンバーの一人の感想として、以下のような感想がある。「この工場訪問を通して、自身の特徴を認識することができた。例えば、（多人数で議論する際）相手の言葉や自分の思考を腑に落としてから発言するためラリーのような会話は苦手だが、アイデアや意見は評価、共感してもらうことが多くメンバーから助かっているとも言ってもらえるので、自分の強みであることに気づけた。また、業界、ひいては社会の仕組みについて卒業後も活用できるであろう知見を得ることができた。事業者の方の新規事業の企画に携われたことも一つの成功体験として自信につながった。」

　およそ半年間の関わりであったが、学生に与える影響というのが大きい

ことが今回の工場訪問で分かったと考える。実際に、今持っている問題は何か、それを打開する解決策は何か、また、その解決策を実現するには何をすべきか、そして、実行する中で、メンバーとまた関係する人たちとどのような連携が必要か、など多くのことを学べた機会だと考える。

大阪の金型を製造する企業訪問と訪問後の繋がり

その他に寺田先生の紹介で、大阪にある金型を製造する企業に訪問した。これは工場班以外の学生含めての訪問となった。この訪問では、今後学生向けの工場見学ツアーの位置づけで企画した。まず、参加希望の学生と身の回りにいる興味を持ってくれている学生に声掛けを行い、小規模で行った。

見学を行ったあと、意見交換の時間を設け、中小企業で直面している問題点やその解決方法について議論した。また、全日程を終えたあとも、参加者が感想レポートを作成し、オンライン上にて座談会を実施した。学生の疑問点から事業者様の伝えたい思いと、学生と事業者様との間の濃い時間になった。今回は工場見学ツアーの始まりとして活動し、実際に学生と企業の間に新しい繋がりができることが分かった。

まとめ

工場を見学したいということから発足したチームであったが、結果として、学生が地域にある中小企業にできることが多く分かった。工場訪問し意見交換を行うことで、その企業の困りごとや発展の展望を肌で知れる。また、チームメンバーの感想として、「最初は受け身の活動になっていたが、活動を通して積極的に動けるようになり、大きい変化が得られた。チームで何をするべきなのか、考えを形にするにはどんな段階があるのかなどを考える姿勢が身についた」という感想がある。これも現場を見てきた影響であり、学生に価値創造の気づきが得られる取り組みとなった。

未来価値創造　Think Tank

北川知樹

メンバー

北川知樹　神戸大学大学院経済学研究科

今藤嵩大　神戸大学大学院農学研究科

松尾萌花　神戸大学海事科学部

指導教員

藤井信忠　神戸大学大学院システム情報学研究科　准教授

　私たちは学生プロジェクトとして「未来価値創造THINKTANK」という組織を立ち上げて、活動を進めさせて頂いている。内容は、学生が中心となり、Venture企業や大企業、学部生や大学院生、社会人が一緒になって新しい価値、ビジネスを生み出して行くという活動である。メンバーは約10人で多様なメンバーが一緒になって活動を進めている。

　2020年12月に立ち上げてから、既にいくつかの具体的な活動を行ってきている。

　1つ目が、Oxford大学の教授たちとの共同シンポジウムの開催である。2021年9月と12月に2回開催したことである。司会を現役の大学院生と私の2人で英語にて行った。同時通訳をチャット欄に掲載するなど工夫もした。内容は、Oxford大学の価値創造の仕組みであるOxford University Innovation Ltd.（以下OUI）の内容を紹介することや、具体的にOxford大学の教授が持つ技術を使ったビジネスの内容の紹介などである。その中で、日本の大学の技術移転の状況や仕組みについては私から説明をさせて頂いた。

Oxford大学と未来価値創造THINKTANKとの関係は、私がOUIの半年間のInnovation Programを日本人初のInnovation fellowとして受講したことがきっかけである。そのProgramの中では、OUIのInnovation創出の仕組みや実際のPortfolioなどを教えて頂いた。特に、環境先進地域である欧州らしくGreen Techに関するPortfolioも充実している。例えば、洋上風力発電などカーボンニュートラルに係るエネルギー分野、高効率なタービンによる省エネ分野、他にもモビリティや環境に適応した建物技術など、さまざまな技術を用いたVentureが輩出されている。

　また、特に関わりのあったOxford側のメンバーの似顔絵をマンガ形式でTHINKTANKの学生が描いてお渡ししたところ、Oxford大学内でも喜んで頂くことが出来た。

　2つ目が、名古屋大学が主催するTongali Projectとのcollaborationである。名古屋大学も学生がさまざまなプロジェクトに取り組み活動を進めている。それにご協力をさせて頂く形にて、2022年3月の沖縄での研修講師としてOxford方式の大学技術移転についてお話をさせて頂いた。また、技術を用いたビジネス構想を考えて、ピッチを行う簡単なワークショップも実施させて頂いた。名古屋大学の学生たちは、驚くほど柔軟で、短時間でしたが、ドローンの活用などさまざまな新しいジネスアイデアを寸劇方式で紹介してくれた。

　また、2022年9月にTongali Projectの一つとして「フランス武者修行」という企画があり、学生たちがフランスの学生たちと一緒に新しいビジネスアイデアを創出するというプログラ

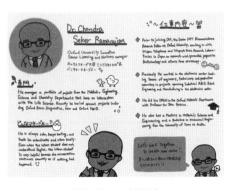

図4-10-1　似顔絵

ムがあった。その一環で、フランス、東海圏メンバーと一緒に英語ピッチ
をさせて頂く機会があり、東海圏、フランス学生たちとも一緒に刺激的な
時間を過ごさせて頂いた。

　3つ目が、「大学技術のマッチングプラットフォーム事業」と「中高生
の投資教育事業」である。目的は、学生が主体となって出会いの場を創造
するというものである「大学研究室と企業の連携を促進し、技術移転の促
進、日本国内における新産業の発展に寄与すること」「若い人の可能性と
テクノロジーにより明るい地球の未来を創造するということ」である。

　特に「大学技術のマッチングプラットフォーム事業」に力を入れて活動
を進めている。

　この「未来価値創造THINKTANK」を立ち上げた理由は、日本に残さ
れた限られたリソース（以下①〜④）を有効活用して日本経済の課題解決、
活性化に寄与したいという思いが込められている。①まず、大学の中には
これまでに蓄積されたさまざまな技術（シーズ）があるが、それが社会に
効率良く還元が出来ていないという課題がある。②一方、大企業の中でも
既存事業に加えて新しい事業の創出を課題として掲げている。③また、金
融セクターにおいては、特に日本においては投資の機会が少ないことが課
題としてある。④これからの時代を担う若者たちにとって活躍すべき場
所がより多様にあるべきという課題がある。

　これら4つの役割や課題解決を視野において1つのプラットフォーム上
で相互協力的な関係を促進することが、THINKTANKの目的である。若
者たち、子供たちのためにも、日本がしっかりとした新しい価値を生み出
す活力あふれる経済力を基盤として、平和に重きを置いた国家運営が継続
されること希望している。

　最後になりましたが、この活動を温かく見守ってくださっている、
V.Schoolの先生方に、この場をお借り致しまして改めて御礼を申しあげ
たい。ありがとうございました。

神戸市第10区「KOBE文教区」

本丸勝也

メンバー

松尾萌花 神戸大学海事科学部

岡島智宏 神戸大学文学部

指導教員

本丸勝也 神戸大学 V. School 客員教授

はじめに

　30代半ばぐらいからだろうか、まちの「オトナの会議」にいくつか呼ばれるようになった。アカデミアの先生、民間企業の経営層など、有識者と呼ばれる方々と行政職員が集い「まちの未来」について議論する、そんな場である。この場で必ずと言っても良いほど話題として挙がるのは「ワカモノにこのまちの魅力を伝えるにはどうすれば良いか？」「ワカモノがこのまちに残るために何をすれば良いか？」の2点である。

　幼少期に神戸で育ち、しばらく離れていたものの、過ごした思い出とイメージの良さに惹かれ、筆者は大人になってから再び神戸に戻ってきた。政令指定都市である神戸市でも「オトナの会議」に呼ばれると、同様に上述の話題が頻出する。神戸というまちには、観光・文化、そして企業、魅力は多分にあるものの（と、理解している）、専門家ではない筆者に具体な案があるわけでもなく、当然ながら個でできることは限られていた。そのような中、玉置久先生の勉強会で「共奏」という言葉に初めて触れた。

「競争」でもなく「共創」でもない、「オーケストラ」であると。

　本章では、このキッカケを機に改めて気づきを得た、神戸というまちが持つ「人のポテンシャル」と「人との近さ」を活かした取組み、「神戸市第10区 KOBE文教区（以下、KOBE文教区）」について紹介する。なお、神戸市第10区は筆者が勝手に作った仮想区であり、神戸市非公認である。

KOBE文教区とは

　海と山に挟まれた街並みに加え、豊かな田園が広がる神戸市は、開港150年の歴史の中で多様な文化と産業、教育機関が根付いた9つの行政区から成る。観光の足を少し広げてみれば気付くかもしれないが、それぞれの「区」は一様ではなく特色があり、地域特有の面白みがある。言うまでもなく、面白みを構成しているのは、「オモシロイヒト－たち」である。音楽でまちづくりをしている人、水生生物飼育のプロフェッショナル、テクノロジーに詳しい農業従事者など、街中で出会ったら声をかけづらそうな一風変わった人たちではあるが、深い専門性を持つ一方、ゆるさと遊びをも併せ持つバックグラウンド豊かな人たちであり、ワカモノへ時間を割くことも惜しまない熱い人たちである。

　さて、少し話がくだけてしまったので、本節である"KOBE文教区とは"に戻ることにする。企業に勤めていると、その職種、分野・領域の枠組みの中で日々を過ごすことになり、自らアクションを取らない限り異業種と触れる機会は少ない。まして、学生となるとさらにその範囲は狭まるのかもしれない。同じような専門性を有する集団では画一的なアイデアに偏る傾向があることから（藤井、2021）、新しい何かを創造するために必要な「異なった視点」からのインプットを得る機会の損失ともいえる。KOBE文教区ではこの問題を一義的な課題と捉え、以下のコンセプトでスタートした。

　「KOBE文教区」は居住や所属、年齢に縛られず、「いつでも」「誰でも」RealとVirtualな空間で学べる（融合する）場として、―オシエルヒトオ

シエラレルヒト―をコンセ
プトに、持続可能な未来を
考えたいヒト、産官学連携
で実験をやりたいヒト、何
か始めたいと思っているヒ
トへ、課題提起をベースに、
いっしょに考えたり、取り
組んだりする小人たち・学
生・社会人を対象にした仮
想区である。

オシエルヒトとオシエラレルヒトの場

図4-11-1　神戸市第10区 KOBE文教区

　端的にまとめると、「オ
モシロイヒト―たち」と学
生が、仮想区上の区民として共生しながら互いの専門性を持ち寄り、まち
の課題を机上論だけでなく実践しながら解決に向けて取り組む場、という
想いである。

KOBE文教区の運営と活動

　KOBE文教区は2021年9月より運営を開始した。運営にあたっては
V.School生が中心となり、隔週ペースで全体ミーティングを実施し、各
種プロジェクトの企画、外部から持ち込まれるプロジェクトへの対応など
に取り組んでいる。
　KOBE文教区は前節の通り "Real" と "Virtual" を併せ持つ仮想区であり、
"Real" については小さいながらも複数の拠点を持っている。メインとなる
活動拠点はミント神戸14階の1室「雲井通りキャンパス」（リベラ株式会
社および兵庫ベンダ工業からこのスペース提供を受けている）であり、プ
ロユースのオンライン配信設備を備えている同拠点では、自主企画のみな
らず、持ち込み企画の各種セミナー・勉強会をハイブリッドで開催してい

る。一方 "Virtual" は 2022 年 5 月より OPEN した Web サイト「https://kobe-bunkyoku.jp/（以下、kobe-bunkyouku.jp）」である。kobe-bunkyouku.jp は各種セミナー・イベントの登録、オンライン配信設定、参加費のマネタイズ、懇親会の有無などが設定可能な独自システムであり、「区民」登録することによってユーザは任意のコンテンツに参加・閲覧可能となっている。

　KOBE 文教区の学生メンバーはこれらの運営によって「オモシロイヒトーたち」への出会い、まちの社会課題への問いを立てる機会へとつながっている。ゼロからのスタートでありまだ日も浅いことから、すべてがスムーズに進んでいるとは言い難いが、すでに多くのプロジェクトが生まれている。執筆現在において実施中または過去に実施した主なプロジェクトの事例は以下となる。

□出張講座プロジェクト
　「教育と体験をデリバリー」というコンセプトで、過疎地域に指定されている南あわじ市阿万地区の小学生を対象にした出張講座を開催。地域の幼稚園、小学生約 50 名が参加するイベントとなった。

□アクアポニックスプロジェクト
　淡水養殖と水耕栽培を組み合わせた環境に配慮した循環型農法の実験。本実験を経て、2022 年秋ごろより淡水養殖と耕作放棄地を対象にした半循環型アクアポニックスを京丹後市にて実施予定。

□キャラクター制作プロジェクト
　KOBE 文教区の活動周知の対象層を広げるべく企画されたオリジナルキャラクター制作。キャラクター設定、デザインが確定し今後ぬいぐるみ製作へ。

□京丹後 BEATCAMP プロジェクト
　「ライブハウスを野外に、音楽のできるキャンプ場」をコンセプトに 2022 年 6 月に OPEN した京丹後 BEATCAMP。企画およびイベント開催に携わる。

□078KOBE EDU

テクノロジー、エンターテイメント、エデュケーション、行政、企業、教育機関など、異ジャンルが交わり、実験都市を推進する市民参加型フェスティバル「078KOBE」。KOBE文教区では昨年度新設された078 KOBE Education部門と連携したプログラムを実施。

□データサイエンス講座

近年需要が高いデータサイエンス分野について、子どもたちが理解しやすいように少し噛み砕いた形式での講座を企画進行中。神戸大学附属中等教育学校の生徒とのディスカッションも実施。

□魚講（水産講座）

「持続可能な水産」をテーマに、水産業界における各分野の専門家をゲスト講師に迎え、講演およびディスカッション、フィールドワークを実施。

お陰様で幅広い年代層に支持され、KOBE文教区学生メンバーならびに区民に実践型の体験を提供できている。これらのプロジェクトは継続的に実施する予定ではあるが、今後も多くの新規の依頼が入っている状況であり、リソース不足も否めないのが現状である（メンバー募集！）。

なお、これらの運営・企画に参加する学生メンバーはボランティアではなく、有償スタッフであることを添えておく。筆者の私見になるが、社会を対象とした実践型のプロジェクトにおいては、学生とはいえ日和見参加ではなく、個に"擬似的な"一定の責務経験が必要であると考える。加えて、立案ノウハウ、モノ・コトづくりに費やす時間は、学生自身が思っている以上に社会からは"価値"のあるものであることを意識して欲しいと願っている。

おわりに

V.School生を対象としたプログラムとして開始したKOBE文教区だが、

今では近隣他大学の学生も運営メンバーとして参加するようになり、学生間の輪も少しずつ広がりを見せている。また、足元の神戸市を地域の対象として考えていたが、本プログラムに賛同していただいたサポーター企業のつながりもあり、活動の範囲は市外、県外へと展開している。

　現時点では定量的な評価ならびに学術的視点による評価は難しいと考えるが、当初の目的である「人のポテンシャル」と「人との近さ」を活かした共奏プロジェクトとして一定の効果があったのではないだろうか。オトナが学生たちに教え、学生が小人たちに教える。また、時としてその流れが逆流する。

―オシエルヒトオシエラレルヒト―

ワカモノにとってこの循環が "まちの魅力" と感じてもらえたら幸いである。

謝辞

KOBE文教区の開区にあたり、ご協力いただいたV.Schoolの先生方、学際総務グループの皆様、協賛各社の皆様に感謝申し上げます。

学生メンバーのコメント

松尾萌花

　KOBE文教区では、南あわじで行われたデーキャンを始め、社会への価値創造につながる新しい試みをどんどん実践していく人の姿を見ることができました。多種多様な人と人との繋がりで、どんどん面白いことを生んでいく様子が印象的でした。価値創造の最前線を生きている人達と一緒に居られることを嬉しく思います。私は未だ力不足を実感していますが、文教区がみんなに愛される区となるよう、まずは、オリジナルキャラクターの作成に尽力していきます。

岡島智宏

　KOBE文教区に参加させていただき、コミュニティの中で自分がどう動くべきか常に考え、そして積極的に動くことの重要性を実感しました。他の人が気付かないことにも気を配り、動く。周りの人に積極的に相談し、色々な意見を取り入れる。誘われたら積極的に参加する。このように、人任せや指示待ちではなく、自分から考えて動くことが習慣化されたように思います。大学生1年目でこの場所に関わらせていただき、「高校生の延長」から「社会人に近づく大学生」へと成長できたように思います。

参考文献
國部克彦・鶴田宏樹・祇園景子（2021）『価値創造の教育 神戸大学バリュースクールの挑戦』神戸大学出版会
南あわじ市（2021）『過疎地域持続的発展計画』
兵庫県（2021）『兵庫県過疎地域持続的発展計画』

第 5 章

神戸大学 V. School シンポジウム

価値創造教育で
社会を活性化する

髙木大吾 編

本章は、2021 年 12 月 17 日に神戸大学 V. School にて開催したシンポジウム
「価値創造教育で社会を活性化する」の内容を収録したものである。

価値創造教育の可能性

國部克彦

神戸大学 V. School　スクール長・大学院経営学研究科　教授

これからの大学に求められる価値創造教育

　神戸大学バリュースクールは、これからの大学に求められる価値創造教育のプラットフォームです。文部科学省による「世界と伍する研究大学の在り方について最終まとめ骨子（案）」には次のようにあります。

　「専門分野、国境、組織などの違いを越え、異なる価値や文化と切磋琢磨しつつ対話や熟議を重ね、新しい社会的価値を次々と創出し続ける『プラットフォーム』としての研究大学」を目指し、「社会的価値の創出に繋がることを念頭において、起業家の輩出や産業界で幅広く活躍する人材の育成」を行ない、「高次の視点からの俯瞰的把握や、カーボンニュートラル、DXといったグローバル課題の解決への貢献」をする。これからの大学に求められるこれらに応えるべく、専門分野や組織を越えた議論・対話を通して新たな価値を創出するプラットフォームとして、バリュースクールは2020年に開校しました。

主観と客観を融合させて価値を創造する

　価値というものは、何かに規定してしまうと価値がなくなってしまいます。バリュースクールでは、価値を規定せずに価値創造する能力を身につけていきます。価値を創造するために大切なことは、主観と客観をうまく融合させることです。

　例えば、期待や満足といった形のないものは、目には見えませんが、た

しかに存在しています。期待を課題に変換し、課題を達成することによって結果が生まれ、それが満足につながっていきます。つまり、主観と客観の間の運動を通じて価値が生まれるのです。このアイデアは、哲学者ジョン・デューイが主張した価値評価の議論をベースにしています。

バリュースクールは、価値創造のためのフレームワークとして、価値創造のプロセスを期待、課題、結果、満足の4つの側面から理解する「価値創造スクエア」を掲げています。期待を満足につなぐ、さらに言えば、希望を未来につないでいくこと。今、私たちが抱いている主観的な期待を社会的な希望と考えて、未来につなぐことができれば、価値を創造できます。

もちろん、価値創造には具体的な行動が必要で、実際にバリュースクールからはさまざまなアクションが生まれています。バリュースクールの前身である鶴田宏樹先生や祇園景子先生のクラスからは「神大ふるふる」というハーブソルト商品が生まれました。また、神戸大学の卒業生が起業したスープ専門店「たんとスープ」も期待を満足につないで価値を生んだ例です。

バリュースクールの中心にあるPBLとFBL

バリュースクールの授業は、「PBL (Project-Based Learning)」と「FBL (Field-Based Learning)」を中心に据えています。価値創造のためのプロジェクトを教室で議論していくのがPBL、フィールドに出てプロトタイプをつくり、検証していくのがFBLです。

私たちが取り組んでいるPBLとFBLには、神戸の社会的課題を解決して価値創造するというテーマがあります。一例として、「アイデアのマルシェ」という場を開き、学生たちが地域や社会の課題を解決するアイデアの試作・検証を行なっています。参加した学生たちからは次のような声が挙がりました。

「社会課題の解決とスポーツの相性の良さを学んだ」「自分たちだけでは

なく、いろんな人を頼って巻き込んで前進するほうが楽しい」「流れを進めるのは主体性と行動力だ」「やってみないと分からないことだらけ」「できないと頭ごなしに否定せず、やってから判断する」「些細なことでもいいから自分の役割を見つけてみる」

　このようなことを経験的に学んでいく場がバリュースクールです。これからも、学生が価値創造する能力を身につけられるプログラムを進めていきたいと考えています。

クリエイティブ・ラーニングと価値創造

鈴木寛

東京大学 教授

人類史の転換期におけるバリュー創造教育

　私は文部科学副大臣や大臣補佐官として、GDP至上主義や物質文明を卒業することを基本的な姿勢にしながら、新学習指導要領や大学改革に取り組んできました。それが政府のSDGsや「ウエルビーイング元年」への取り組みに表れています。つまり、「よりよく生きる」ことを、個人、社会、国家の問題と捉えています。Society 5.0、あるいはシンギュラリティにおいて、仕事がロボットやAIに置き換えられるなかで、人間の役割を考えていく必要があります。

　世界経済フォーラムやOECD（経済協力開発機構）では、現代の時代認識として「VUCA（ブーカ）」がキーワードとなっています。VUCAとは、「Volatility（不安定・揮発性）」「Uncertainty（不確実性）」「Complexity（複雑性）」「Ambiguity（あいまいさ）」それぞれの頭文字からできている言葉です。近代の始まりは、約250年前のイギリス、フランス、アメリカから興った産業革命と市民革命です。今は、250年ぶりの世界史と人類史の大転換期にあるのではないでしょうか。バリュースクールは、転換期においてエポックメイクできる人材教育に携わっているのです。

これからの人間の仕事とは

　オックスフォード大学のマイケル・オズボーンが、人間の仕事の半分はAIやロボットに置き換わると予測しましたが、彼が本当に伝えたかった

ことは、6割の人々が現在は存在しない仕事に就く未来です。つまり、誰もが起業家になる時代がやってくるのです。定型業務がなくなっていく一方で、芸術、歴史、考古学、哲学、神学などが要求される職業や、対人関係が求められる仕事が残ると彼は述べています。

危機に立つ日本

VUCAの時代には、思いもよらないリスクの一方で、思いがけないチャンスもあります。これからの10年間で日本はどれだけチャンスを掴めるのでしょうか。

日本では、国会、官庁街、有数企業の本社が千代田区に集中しています。これを私は「千代田政府」と呼んでいます。この千代田政府は10年以内に深刻な危機を迎えると考えています。

日本には1000兆円を超える借金があります。国際金利が1％上がれば、年間の利払いだけで10兆円が増えます。おおよそ10兆円という金額は、国民皆保険を維持するための税金、あるいは文部科学省と防衛省の予算を足した額です。例えば、朝鮮有事などが起これば、国際金利が2％ぐらいになることは考えられます。日本の財政は非常に危ういシステムの上に成り立っているのです。

他にもさまざまな懸念があります。例えば、人類の寿命です。人類の寿命はライフサイエンス・イノベーションのおかげで100年になろうとしています。これまでの社会では、経済や学歴の格差はありましたが、命の長さは平等にランダムでした。だからこそ、社会はその限りにおいて連帯していたわけです。しかし、医療イノベーションによって、経済力や知力によって寿命の格差が生じたときに、社会は分断され、国というものを構成することは難しくなるでしょう。

他方、私は第一次産業のイノベーションに注目しています。私たちは100億人を超える世界人口を維持する方法を考えなければなりません。近い将

来、人類を待ち受けている水と食糧不足の問題は深刻です。

　これからは成長社会ではなく、ウルリッヒ・ベックが指摘した「リスク社会」を迎えます。リスク時に助けてもらうために、国民は国に税金を払い、国が最大の保険として機能するはずですが、国家そのものが機能低下しています。千代田政府崩壊に備えたもう1つの文化・社会経済圏をつくることが喫緊の課題です。

　私はしばしば「瀬戸内共和国」という言葉を使います。神戸をその入り口として、瀬戸内海には5000年以上の歴史があり、日本史は大宰府から難波宮、飛鳥宮のラインで歩んできました。神戸の沖を多くの人々が行き交い、額田王、聖徳太子から坂本龍馬まで歴史が動いてきました。関西や瀬戸内などに、新たな文化・社会経済圏を築いていくことが求められています。

近代社会を超克する若者を育てる

　消費税増税、年金削減、国家通貨経済圏の破綻、自動車産業依存型の産業構造など、私たちは多くのリスクを抱えています。チェコスロバキアのビロード革命の中心人物であるヴァーツラフ・ハベルは、「近代社会が終焉を迎えつつある。今は過渡期にある」と述べています。あるいは、「何かが引き裂かれて、そして何かが消滅する一方で、正体不明の何か別のものが、粗削りの岩の中から生まれつつあるようだ」とも述べています。そのような何かを生み出す若者を育てていくことがバリュースクールの使命と言えるでしょう。

　文化人類学者のマーガレット・ミードは次のような言葉を残しています。「強い決意を持った市民の小さなグループが世界を変えられることを絶対に疑ってはならない。実際に世界を変えてきたのはそれしかないから」

　私は1993年から2年間のうちに松下村塾を20回訪れ、無名の若者こそが時代をつくるのだと体で感じました。世界を変える強い決意を持った若

者たちを輩出していかなければなりません。1995年から「すずかんゼミ」を主催し、多くのベンチャーの社会起業家が巣立ってくれました。

「脱」近代ではなく、「卒」近代

　25年前から私は、近代という時代が終わると述べてきました。それを「卒」近代と呼んでいます。感謝とノスタルジーをもって学校を卒業するようなイメージです。近代は私たちに多くのものをもたらしてくれました。近代のおかげで寿命が延び、暮らしが豊かになりました。そのことに感謝しつつも、そろそろ卒業すべきではないでしょうか。

　国も家も、その機能が低下するなか、「幸福の再定義」が求められています。会社組織も同様です。戦後の経済成長期に、地縁共同体から会社共同体に移っていきましたが、メンバーシップ型雇用からジョブ型雇用が増えて、会社の共同体機能が急速に低下しています。孤立した、居場所なき人たちがどんどん増えていくわけです。これから安心できるコモンズをつくっていく必要があります。

PDCAからAARへ

　OECDが発表した「Education 2030」では、これからの教育の目的は、個人と社会のウエルビーイングであり、態度やバリューが大事だと記されています。教育の意義は、新たな価値を創造するためであり、責任ある行動を取るためであり、対立やジレンマを克服する力を身につけるためであるとしています。

　OECDにおいて、私たちは、「AAR」というモデルをまとめました。「Anticipation（見通し）」「Action（行動）」「Reflection（振り返る力）」というプロセスをスピーディに回していくモデルです。PDCAにおけるプランニング（Plan）は、前提条件が変わると設定しなおさねばなりません。

日本は、プランしなおすタイミングで、大事なビジネスチャンスやリスク回避を見逃してきました。これからは、行動と振り返る力が重視されます。

イノベーション、クリエイションをデザインするプロセス

　すずかんゼミでは、徹底して取り組んできた教育プロセスがあります。まず、幸せの再定義をします。誰の何から幸せにしていきたいのかを明確にします。

　次に、問題を定義し、理解します。そのために、データやケースを収集し、ステークホルダーの関係性を明らかにし、過去の経緯を調べます。また、将来を予想し未来年表をつくります。社会は複雑なステークホルダーの絡み合ったエコシステムであり、悪循環を減らし、好循環を増やそうとしても、多くのものがトレードオフになる難題に直面します。徹底的に問題の構造を定義し、理解するということがクリエイションには欠かせません。

　定義した問題に対して、どのように最適解を導けるのでしょうか。私たちのリソースは限られていますが、外部に多くのソーシャルリソースを持っています。しかし、持っていることに気づいていない。まずそれに気づき、どういうふうに活用していくかを考えます。従来の経営学におけるSWOT分析では、Strength（強み）とWeakness（弱み）が中心でした。しかし、これからは、Opportunity（機会）やThreat（脅威）といった外部環境にもっと目を向けていかなければいけません。

　そして、このプロセスの真骨頂は、「PCCP（Philosophy、Concept、Contents、Program）」です。自分のなかでずっと変わらないPhilosophyを考え、ときどきのテーマに沿ったConceptを決めます。そして、具体的なContentsを、さらに、Contentsの5W1Hに「How much」を加えたProgramをつくります。ContentsやProgramはめまぐるしく変わります。しかし、Philosophyが一貫していれば、変わることを恐れる必要はありま

せん。変化に対応しながら、AARサイクルを回していきます。

近代の行き過ぎを再考する拠点としての大学

　成長社会からリスク社会に移行していくなか、これからは明治維新のようにガバナンスの主役が変わっていくでしょう。卒近代におけるガバナンスの主役は、政府から学芸府に移っていくと考えています。近代の行き過ぎを再考する拠点としての学芸府で文理融合の複数の学問を深く学ぶことはとても重要です。

　現在、私たちは正規分布するリスクにはある程度対応する術を持っています。しかし、激甚化するリスクに対しては術を持っていません。大地震やテロ、金融危機、パンデミックといった世界的なリスクに5〜7年に1度は直面していることを認識しておく必要があります。

　一方、何かのリスクを増やすと何かのリスクが下がるというリスク・トレードオフの問題と向き合うためには、哲学が欠かせません。異なる公共哲学が存在していて、自分が考える正義が他者の考える正義とは異なる場合があることを認識しておかねばなりません。

　リスク社会では、「合理的判断の限界」も重要なイシューになります。近代合理人モデルは再考される必要があります。例えば、合理的と思える多数決という近代国民国家の基本システムですら、疑わなければいけません。特に人間を再理解するために、脳科学、心理学、行動経済学、倫理学、哲学、公共哲学などを文理融合的に深く理解し、社会を再設計していく必要があります。近代は、法による権利と義務、平等主義によって成立していました。しかし、これからは学びとコミュニケーションによって最善を尽くし、平等主義ではなく、公正主義による社会設計が求められるでしょう。

　また、熟議と公共的協働創発のために、メディアをつくったり、テクノロジーを開発したり、人材を育成したりする必要があります。最も重要なのは、利己的なインセンティブによって行動する近代合理人から卒近代す

ることです。

ウエルビーイングの時代における幸福の再定義と熟議

　ソースティン・ヴェブレンが人間の5つの本能（競争、欲、好奇心、生産倫理、親身な愛）を定義したうえで、近代社会は競争と欲しか使っておらず、好奇心や生産倫理、親身な愛といった本能も使うべきだと近代人の利己主義を批判しています。

　そこで、コモンズ（社会的共通資本）の重要性が問われます。行動経済学や公共哲学、あるいは脳科学の研究において、人間は決して合理的ではないことや、市場主義や民主主義の欠陥が指摘されています。だからこそ、熟議が大事になるわけです。

　しかし、第二次世界大戦の時代から、商業メディアがステレオタイプをつくりあげて、人々の世界の理解を歪ませ、政治を翻弄してきました。ハンナ・アーレントが指摘したように、ときとして人々は思考停止し、無批判になり、命令に従うようになります。すると、誰しもがヒットラーのもとで大量虐殺をしたアイヒマンになりうるのです。人間という存在の再定義の流れのなかで、ユルゲン・ハーバーマスは、熟議によって理性を取り戻すことの大切さを説いています。

　ウエルビーイングの時代のコモンズをプロデュースするのは大学にほかなりません。熟議できるフォーラムを形成し、さまざまな社会的実験やプロデュースをする拠点として、大学には大きな使命があります。ウエルビーイング時代の大学やコモンズが世界中に広がり、ネットワークをつくれるように挑戦していきましょう。

1. プロジェクトを通じた価値創造教育

街に飛び出す価値創造：神戸フラワーロードの再開発

槻橋修

神戸大学 V.School 協力教員・大学院工学研究科 准教授

　10年以上にわたり、街に出て実践的な設計活動やまちづくり活動に学生たちと取り組んでいます。神戸市の駅前商店街である三宮センター街で、社会実験として商店街の中央にベンチを設置したり、商店街の地上3階の部分に学生たちのデザインで休息スペースを設けたりしています。街の人が常に実験に参与できる場をつくり、試行錯誤をしながら小さな成功体験を積みあげています。

　2021年には、バリュースクールとKIITO（デザイン・クリエイティブセンター神戸）の共同プロジェクトに、私たち減災デザインセンターも参画しました。神戸市の三宮エリアのメインストリートであるフラワーロード周辺を舞台として、神戸を元気にするアクションプランを学生たちが考えるというプロジェクトでした。神戸市の都心部は再開発の只中にあり、今後、フラワーロードに新しくにぎわいが生まれることが期待されています。その先の神戸の将来を見据えて、フラワーロードが、どんな市民によって、どんな価値を生み出す場になるとよいのかを考える機会になりました。4つのチームに分かれた学生たちが考えたプランを簡単にご紹介します。

　最初のチームは、世界の他都市の目抜き通りとフラワーロードを比較しました。フラワーロードは、メルボルンやバルセロナの大通りに比べて、

区画ごとの間口が大きいために通りに面した店舗数が少ないことや商業用店舗の割合が極端に低いことから、交流可能性の低さを指摘しました。この調査をもとに、小さなファサードが多く並ぶような街になるとよいのではないかと提案していました。

2番目のチームは、フラワーロードは目抜き通りというけれども、あまり行かないという学生の実感からスタートしていました。ビジネスビルが立ちならび学生の接点がない東側と、人が集まるスポットがある西側を結ぼうという提案でした。

3番目のチームは、神戸には外国料理のレストランが多くあることに着眼しました。兵庫県の地場野菜をつないで、食を通した異文化交流の場としてフラワーロードを考えるコンセプトを発表していました。

最後のチームは、神戸がジャズ発祥の地であることやその多国籍性に注目し、フラワーロード沿いの東遊園地を舞台に、多国籍のフードフェスやジャズイベントを考案していました。

いずれも個性的で素晴らしいプランでした。地域のステークホルダーの方々へのインタビューやフィールドワークを通して、未来の神戸について学生がコンセプトを抽出する機会となりました。

バブソン大学型価値創造：神戸アリーナ設計プラン

忽那憲治

神戸大学 V.School 価値創発部門 部門長・大学院経営学研究科 教授

　バブソン大学は、30年の長きにわたり、アントレプレナーシップという部門においてアメリカで1位にランクされている有名大学です。バブソン大学でアントレプレナーシップについて教鞭をとられている山川恭弘先生とのご縁で、バリュースクールでのバブソン大学との連携プログラムが始まりました。バブソン大学の「Foundation of Management and Entrepreneurship」という名物講義のエッセンスをバリュースクールで展開しようと試みています。

　バブソン大学におけるFBLのコンセプトの1つは、社会実装のアイデアそのものの優劣を競うのではないということです。チャレンジングな課題へのアクションを通じて、挑戦と失敗を繰り返しながら学びを得ていき、その学びの大きさが評価されます。非常に重要とされるのは、「Action trumps everything（行動することがすべてを乗り越えていく）」というコンセプトです。そして、決して起業家になることが目的ではなく、「起業家のように考える」マインドセットが大切にされます。また、人とつながり、人を巻き込むなかで創造に取り組んでいく重要性も教わります。

　バリュースクールでは、9ヶ月間のプログラムに4グループが参加し、「神戸アリーナプロジェクト」という取り組みに2つの学生グループが携わりました。

1つ目のグループは、バスケットボールチーム「西宮ストークス」の会場で、ソーシャルグッドな商品を販売することに挑戦しました。さまざまなステークホルダーに声をかけ、野菜や果物、廃棄食品、海洋ゴミ由来の商品などを販売し、ビジネスとして成立する可能性を発見しました。スポーツを応援する人たちというのは、社会課題に対して前向きにサポートしてくれるという気づきも得ました。

　もう1つのグループは、神戸アリーナがオーシャンフロントであることから着想し、水上バイクやカヌーなどで海洋ゴミを回収できないかと議論を重ねました。さまざまな規制に直面し、アクションを十分に展開できなかったという結果に対して、「ちょっと中途半端に終わってしまった」と彼ら自身が実感したことも学びと言えます。

　第1期では約20名の学生が参加し、壁にぶつかりながら多くの学びを得ました。第2期のプログラムにおいても、多くの神戸大学の学生に、この学びを実感してほしいと考えています。

日本初の社会課題解決型アリーナ
「神戸アリーナ」への挑戦

渋谷順

株式会社スマートバリュー 代表取締役社長

　1928年に町工場からスタートし、業態を変えて今に至る私たちの会社では、200〜300年続く新しい時代の入り口が現在だと考えています。サステナビリティ、デジタル、コミュニティといったテーマを大切にし、スマート・アンド・テクノロジーで歴史に残る社会システムをつくり、社会の公器として永続していきたいと考えています。

　かつて海外との貿易や流通の入り口だった神戸港の第二突堤に、新しい文化発信の拠点として「神戸アリーナ」をつくり、グローバルにつながる新しい時代のファシリティとソフトの展開に取り組んでいます。1万人規模を収容できる、都市近接の新しい文化拠点としてのウォーターフロントを世界的な規模で開発する計画です。神戸市の協力も受けながら、日本初の社会課題解決型アリーナを民間設立で実現しようとしています。スポーツや音楽を楽しんだり、MICEとして利用したり、さまざまな用途を想定しています。周囲の水質改善をはじめとする地球環境へのコミットやスポーツを通じたウェルネスやレジリエンス、インクルーシブなどのマテリアリティを設定しています。

　今、私たちが注目しているのは、米国・シアトルにあるリニューアルして間もない「Climate Pledge Arena」です。スポンサーであるアマゾン社

が、気候変動に対する誓約（Climate Pledge）という名前をこのアリーナに付けました。こけら落としとして公演したColdplayは、サステナビリティを重要視しているアーティストです。彼らは公演でのCO_2排出量などを規定していて、それに準拠していない場所ではライブをしないと表明しています。一般的に、アリーナやスタジアムのCO_2排出量は、来場者が来場過程などで排出する量が全体の6〜7割を占めています。そのため、公共交通機関で来た方はチケット代が割り引かれたり、チケットをデジタル化したりする取り組みがなされています。私たちもこのような価値観を追求していきたいと考えています。

　一方で、マネタイズのモデルにはチャレンジが必要です。従来のスタジアムやアリーナでは、貸し館業や飲食、VIPルームなどを収益の軸にしていましたが、共感をもたらすような施設、イシュー解決型のネーミングライツ、まちづくり系の取り組みなどを社会実装しようとしています。20〜21世紀の工業化の社会からデジタル・ソサエティに移る大きな時代の転換点では、共感性を持った取り組みやコミュニティの力を発揮できる仕掛けが求められています。

　バリュースクールで学ぶ皆さんとも神戸アリーナのプロジェクトを通して、現在の体育館やバスケットボールの興行を舞台に素晴らしい取り組みをしていただきました。神戸アリーナプロジェクトのメンバーはほとんど20〜30代が中心です。私は後方支援に徹し、彼ら若い世代の必死な取り組みがきっと成功をひらくと信じています。

さまざまなシーンでシナジーを起こす
神戸市の「つなぐ」取り組み

藤岡健

神戸市企画調整局つなぐラボ 担当部長

　神戸が抱える最大の課題は人口減少と高齢化です。2060年には、現在151万人の神戸市の人口が111万人になるという予測もあります。この人口減少からもたらされるさまざまな課題をいかに解決するかということに取り組んでいるのが、神戸市の「つなぐラボ」です。

　神戸市という大きな組織の各部局をつないでいくこと、また、市民や大学、企業、NPO、地域団体といったステークホルダーの方々とつながっていくこと。このような着想から、つなぐラボができました。多様な約60名が産学連携と市民協働という2つのチームに分かれ、さまざまな取り組みをしています。

　産学連携チームでは、神戸大学とも多くの事業を展開していますし、神戸市内に本部的な機能を有する23の大学や30以上の専修学校と連携しています。「大学発アーバンイノベーション神戸」では、若手研究者の研究活動支援助成を行なっています。若い研究者、とりわけ人文社会科学系の方々が、神戸の歴史や文化などをテーマにして、複数年で研究をされる場合に、助成金や規制緩和も含めた調整をしています。

　2020年度からは、コロナ禍による生活困窮を背景に、「KOBE学生地域貢献スクラム」が始まりました。神戸市内で地域課題に取り組んでいる

NPOや地域団体の活動に学生に参加してもらい、報酬を支払う仕組みです。学生が神戸の地域課題を知るきっかけになっていて、大学での研究テーマやイノベーションにもつながっています。

　「学生フードエイドプロジェクト」では、学生に食料面の支援を行なっています。神戸市が他都市と異なるのは、産官学連携で取り組んでいることです。ふるさと納税でクラウドファンディングでの寄付もいただきました。

　一方、市民、企業、地域団体と連携する市民協働・公民連携にも取り組んでいます。新しいビジネスモデルをさまざまな民間組織と連携しています。2013年にスタートした取り組みですが、各部局が企業と連携しても横展開が難しいという課題がありました。つなぐラボは、一元的に連携を受け付ける窓口を担当しています。

　コロナ禍を契機とした取り組みでは、前述のほかに「KOBE地域貢献応援プラットフォーム」があります。コロナ禍で困っている人と、応援したい人をつなぐためのプラットフォームです。マイクロソフト社の協力のもと、神戸電子専門学校の学生の皆さんが立ち上げ、実績を積んでいます。

　スマートシティに向けた取り組みでは、「Human × Smart City KOBE」をスローガンに掲げ、市民の方々とのコミュニケーションツールとしてスマートシティポータルサイトを立ち上げる予定です。市民の生活の質の向上と利便性の向上を目的に、企業と取り組んでいきます。市民の皆さんそれぞれの志向や属性にあわせた情報やサービスを提供していくことを構想しています。

　バリュースクールの皆さんはもちろん、さまざまな人々がつながってシナジーを生み、よりわくわくする神戸をつくっていこうというビジョンのもと、つなぐラボは活動しています。

異文化共創のグローバル拠点を目指す
神戸大学の教育のありかた

大村直人

神戸大学 理事・副学長（教育・グローバル）

　神戸大学では、異分野共創による知の拠点を目指した包括的な学びの場を実現することを教育の目標にしています。藤澤正人学長が掲げている「多様性」「卓越性」「柔軟性」「国際性」という4つのキーワードを軸に異分野共創に取り組んでいます。

　教育という視点から考えると、多様性は、知と人が集まるるつぼと言い換えられます。卓越性は、認識上の真、倫理上の善、審美上の美の追求、いわゆる真善美の追求とも言えます。柔軟性は揺るぎない学術的基盤とダイナミズムであり、国際性とは多様な価値観の受容を指します。これらのキーワードを教育において達成するには、STEAM教育の充実が重要です。STEAMを構成するそれぞれの頭文字において、「Science」と「Technology」は、基礎的知識や解析力、「Engineering」は統合力や俯瞰力、「Art」は感性や倫理、「Mathematics」は単に数学を意味するのではなく論理的思考力や論理的表現力であると解釈しています。

　他方、教育コンセプトの柱として、神戸大学の学生が共通して身につける能力である「神戸スタンダード」を策定しました。神戸スタンダードには、3つの大きな柱があります。複眼的に思考する能力としての基礎教養科目。多様性と地球的課題を理解する能力としての総合教養科目。これら

を合わせて協働して実践する能力としての高度教養科目。これらとともに、数理・データリテラシーを重要視して実践しています。

　昨今、新型コロナウイルス感染症の影響で、全世界的に教育環境が激変し、オンライン授業を新しい授業方法として積極的に組み入れようという流れになりました。オンラインでの学びの充実は、従来の「大学に通って学ぶ意義」を大きく揺さぶっています。ポストコロナ時代において、DX技術を活用した教育手法を開発・実践し、STEAM教育に取り組んでいかなければなりません。

　また、阪神淡路大震災を経験した大学として被災を忘れずに受け止めて、その経験のうえで未来のあり方を考える使命があります。

　そして、価値創造への取り組みの拠点がバリュースクールです。カオスを研究している私が大学教育における異分野共創を考えるとき、いつもカオス力学と価値創造にアナロジーを感じます。思考を発散させて収束させる訓練を行ない、キュリオシティと専門性を組み合わせる力を養うこと。こういった価値創造のプロセスは、カオスの構造と非常によく似ています。

　バリュースクールは、神戸大学の「松下村塾」と言えます。明治維新を遂げた志士たちは日本の生み出した最高のイノベーターです。学問を通じて、学びの面白さを見いだし、日本を変えていく学生を輩出できるよう現代の松下村塾を目指していきます。

価値設計と価値創発の力を神戸からアジアへ

金子由芳

神戸大学V.School 協力教員・社会システムイノベーションセンター 教授

　東南アジアをフィールドに、JICA（国際協力機構）や法務省などと協力して、アジア諸国向けの法整備を30年近く支援しています。また、アジア諸国からの留学生を受け入れ、学位を授与してきた立場でもあり、そういった活動を通じて、アジアにおける日本の教育の役割を考えてきました。

　神戸大学の特徴の1つは、阪神・淡路大震災を経験していることです。災害における大学の役割というテーマのもと、スマトラ島沖大地震の津波で被災したインドネシアのシアクアラ大学、四川大地震で被災した四川大学、台風ヨランダで被災したフィリピン大学など、アジア各地の被災大学とつながって共同教育を進めています。

　アジア諸国の政府派遣の留学生を指導していると、彼らはとても優秀で、語学力が高く、知識や経験も豊富です。しかし、研究論文を書くことが難しい学生が少なくありません。バリュースクールが掲げている価値創造教育のモデル「価値創造スクエア」にあてはめて考えると、彼らがどのような課題を抱えているかが明らかになります。

　価値創造スクエアでは、「課題」「結果」「満足」「期待」のプロセスをPDCAで回して価値を創発します。課題に対して実行し、その結果を評価、改善し、再びプランニングを行ない、価値を創発していきます。

　彼らは、政府から派遣されているため、研究テーマを与えられて留学を

しています。例えば、母国が世界銀行などの国際機関から外資導入型の法整備を求められていて、倒産法改革というテーマを持っているとします。自分自身の価値創発として自分で悩んで設定したテーマではありません。さらに言うなれば、世界銀行は倒産法モデルを提示しているため、自ら価値設計や価値創発をすることなく、与えられたモデルを忠実に実施することを目指してしまうことがあります。つまり、問いも答えもすでに用意されているのです。

　こういった状況に揺さぶりをかけるのが私の仕事です。世界銀行モデルの倒産法を立法したけれど、満足できる結果が本当に得られたのか、社会経済開発は成功したのか、投資活動は活発化したのか、さまざまな問いを投げかけます。すると、満足ある成果が得られないのは、価値創造スクエアの結果―満足―期待を回りつづけているだけではないかと気づきはじめます。誰のため、何のための倒産法改革なのかと対話を重ねていくと、外資のためではなく自国の企業セクターのために倒産法が必要だったのではないかと考えていたりします。世界銀行モデルとは異なる、自分自身の倒産法を提案に取り組み、その勇気ある価値設計の実践こそが、彼らの研究論文という成果物になっていきます。価値創造の力、つまり自分でソリューションを考える力を身につけて、母国に帰ってほしいと切に願っています。

データ集

1．教員体制と学生

V.School は価値創発部門と価値設計部門をもち、スクール長 1 名、部門長 2 名、副部門長 4 名、専任教員 3 名のほか、16 学部・研究科から協力教員 25 名、客員教員 10 名、学術研究員 4 名で V.School の教育研究活動を行っている（表6-1-1）。

2021 年度に V.School へ入校した学生は、学部生 30 名（文学部 2 名、国際人間科学部 5 名、法学部 4 名、経済学部 2 名、経営学部 13 名、工学部 1 名、農学部 2 名、海事科学部 1 名）および大学院生 7 名（経営学研究科 3 名、保健学研究科 1 名、農学研究科 2 名、海事科学部 1 名）、合計 37 名であった（表6-1-2）。所定の科目を修得したスクール生には、V.Diploma の称号を大学卒業もしくは大学院修了時に付与するとともに、特に優れた成果を上げたスクール生に対しては、V.Diploma Honours（神戸大学バリュークリエーター）の称号を付与する。

2．教育活動

V.School の授業は、講義、PBL（Project-Based Learning）、FBL（Field-Based Learning）形式の 3 つに分類される。これらの授業からスクール生が着想した課題解決策やビジネスアイデアを「価値創造学生プロジェクト」として実施している。

また、社会人を対象としたセミナーや起業家による講演も開催した。

（1）講義
2021 年度は、以下の講義形式の授業を実施した。
　　価値創造の考え方
　　価値創造と創発
　　価値創造と設計

V.Schoolセミナー

（2）PBL

　2021年度は、以下のPBL形式の授業を実施した。なお、PBL-Xは他学部・他研究科などとの共同開講科目を示す。

　　PBL：再生可能エネルギー社会を考える
　　PBL-X：Creative School基礎編
　　PBL-X：Creative School応用編
　　PBL-X：企業社会論A
　　PBL-X：企業社会論B
　　PBL-X：シリコンバレー型起業演習
　　PBL-X：神戸市課題解決型プロジェクト
　　PBL-X：システム運用論（未来洞察型PBL）

（3）FBL

　2021年度は、以下のFBL形式の授業を実施した。なお、FBL-Xは他学部・他研究科などとの共同開講科目を示す。

　　FBL：価値創造のための実践型FBL
　　FBL：心の豊かさと価値創造
　　FBL-X：地域通貨による地域経済活性化に関してのプロジェクト演習

（4）価値創造学生プロジェクト

　2021年度に学生が主体となって実施したプロジェクトは以下の12プロジェクトであった。

　　気づきの宝箱
　　感染症禍におけるアスリート手帳
　　個性を引き出すクラフトチョコレート
　　淡路島地域創生プロジェクト

神戸アリーナプロジェクト1
神戸アリーナプロジェクト2
コミュニティー教育
工場―大学発信／工場見学
LIP（Long Internship Program）
初めましてプロジェクト
未来社会創造 Think Tank
神戸市第10区「KOBE 文教区」

(5) 定期セミナー・講演会
　2021年度に定期開催したセミナー及び講演会は以下の通りであった。
　　One Hyogo プロジェクト「中小企業価値創造セミナー」
　　プロフェッショナルバリュークリエイター

3．V.School サロン

　原則1つのテーマについて月2回開催し、1回目は登壇者による話題提供
と議論、2回目は参加者とともに議論を行った。2021年度は前期・後期に
各3テーマについて全12回開催した（表6-3-1）。なお、8月に V.School サロ
ン特別編を開催した。

4．社会・国際活動

　価値創造に関するシンポジウムの開催、国際会議での講演を行った。ま
た、V.School の活動について新聞にも取り上げられた。

　　シンポジウム主催
　　神戸大学 V.School シンポジウム「価値創造教育で社会を活性化する」

2021年12月17日 13:00-16:00　オンライン
学外者29名、本学教職員31名、本学学生8名（学部生2名、大学院生6名）、合計68名がウェビナーを視聴

国際会議　招待講演
Katsuhiko Kokubu, Head of V. School, and Professor, Graduate School of Business Administration, Kobe University, The 4th Global Conference on Creating Value, 21-23 September, 2021, Online, Hosted by University of South Florida and Creating Value Alliance.

報道一覧
2021年10月23日　読売新聞
フレーズ：言葉にできないものを含めて、新しいことを知るのが一番大きな価値だと思う
2021年12月2日　神戸新聞
神大生ら環境保護活動　バスケ試合会場で再生品など販売
2021年12月26日　神戸新聞NEXT
国内で前例のない「価値創造教育」　神戸大学、授業の体系化進める

V.School職名	所属	職位	氏名
スクール長		副学長	國部　克彦
価値創発部門長	システム情報学研究科	教授	玉置　久
価値設計部門長	経営学研究科	教授	忽那　憲治
価値創発副部門長	経営学研究科	教授	内田　浩史
	システム情報学研究科	教授	菊池　誠
価値設計副部門長	産官学連携本部	教授	熊野　正樹
	システム情報学研究科	准教授	藤井　信忠
専任教員	V.School	教授	坂井　貴行
	V.School	准教授	祇園　景子
	V.School	准教授	鶴田　宏樹
協力教員	国際協力研究科	教授	Alexander Ronni
	都市安全研究センター（未来世紀都市）	教授	飯塚　敦
	国際文化学研究科	准教授	板倉　史明
	経済経営研究所	准教授	江夏　幾多郎
	法学研究科	教授	大内　伸哉
	人間発達環境学研究科	教授	岡田　修一
	社会システムイノベーションセンター	教授	金子　由芳
	工学研究科	教授	喜多　隆
	工学研究科	教授	小池　淳司
	人間発達環境学研究科	准教授	齊藤　誠一
	大学教育推進機構	教授	近田　政博
	工学研究科	准教授	槻橋　修
	人文学研究科	教授	長坂　一郎
	農学研究科	教授	中塚　雅也
	経済経営研究所	教授	西谷　公孝

表 6-1-1　V.School 教員一覧

V.School職名	所属	職位	氏名
協力教員	国際文化学研究科	准教授	西田　健志
	経済経営研究所	教授	濱口　伸明
	人間発達環境学研究科	准教授	原田　和弘
	海事科学研究科	准教授	廣野　康平
	医学研究科	教授	福本　巧
	経営学研究科	教授	保田　隆明
	経営学研究科	准教授	宮尾　学
	経営学研究科	准教授	森村　文一
	経済学研究科	講師	山崎　潤一
	科学技術イノベーション研究科	教授	山本　一彦
客員教員	株式会社 LeaGLO	客員准教授	上田　浩史
	The Phronesis Design Institute	客員教授	小森　尚子
	株式会社 Japan&India Project Design	客員教授	佐藤　正和
	株式会社パソナグループ	客員准教授	塩谷　愛
	一般社団法人コード・フォー・ジャパン	客員准教授	砂川　洋輝
	アーカス総合法律事務所	客員教授	寺田　有美子
	株式会社パソナグループ	客員教授	南部　靖之
	兵庫ベンダ工業株式会社	客員教授	本丸　勝也
	合同会社イキナセカイ	客員教授	安川　幸男
	Yazzle－Dazzle合同会社	客員教授	山川　恭弘
学術研究員		学術研究員	小田　展正
		学術研究員	清水　勇吉
		学術研究員	舟橋　健雄
		学術研究員	山本　裕子

表 6-1-1 つづき

学部	2021年度新規入校者数					全スクール生数				
	1年生	2年生	3年生	4年生	合計	1年生	2年生	3年生	4年生	合計
文学部	2				2	2			2	4
国際人間科学部	3		2		5	3	4	4	7	18
法学部	3			1	4	3		1	2	6
経済学部	1	2			3	1	3		3	7
経営学部	3		6	3	12	3	2	9	24	38
理学部								2		2
医学部保健学科									1	1
工学部				1	1		2	2	6	10
農学部	1			1	2	1		1	5	7
海事科学部			1		1		2	1	3	6
合計	13	2	9	6	30	13	13	20	53	99

表6-1-2　スクール生の所属と学年の別

大学院	2021年度新規入校者数						全スクール生数					
	博士前期課程		博士後期課程			合計	博士前期課程		博士後期課程			合計
	1年生	2年生	1年生	2年生	3年生		1年生	2年生	1年生	2年生	3年生	
人文学研究科												
国際文化学研究科								1				1
人間発達環境学研究科												
法学研究科								1				1
経済学研究科											2	2
経営学研究科	1	2				3	1	5	1	2	2	11
理学部研究科												
医学研究科												
保健学研究科	1					1	1		1			2
工学研究科								3				3
システム情報学研究科								3				3
農学研究科	2					2	2	1				3
海事科学研究科	1					1	1	1				2
国際協力研究科												
科学技術イノベーション研究科											1	1
合計	5	2				7	4	16	1	3	5	29

表6-1-2 つづき

1	経済学における価値
	内田浩史　神戸大学V.School 価値創発部門 副部門長・大学院経営学研究科 教授
	小池淳司　神戸大学V.School 協力教員・大学院工学研究科 研究科長・教授
	堂目卓生　大阪大学大学院経済学研究科 教授
	2021年5月13・20・27日（木）17:00-18:30　神戸大学V.Schoolルーム／オンライン
2	システムと価値／価値創造
	玉置　久　神戸大学V.School 価値創発部門 部門長・大学院システム情報学研究科 教授
	菊池　誠　神戸大学V.School 価値創発部門 副部門長・大学院システム情報学研究科 教授
	鶴田宏樹　神戸大学V.School 准教授
	2021年6月10・17日（木）17:00-18:30　神戸大学V.Schoolルーム／オンライン
3	日本のものづくりの未来〜アート思考とデザイン思考〜
	忽那憲治　神戸大学V.School 価値設計部門 部門長・大学院経営学研究科 教授
	延岡健太郎　大阪大学大学院経済学研究科 教授
	近藤清人　株式会社SASI 代表取締役
	2021年7月15・29日（木）17:00-18:30　神戸大学V.Schoolルーム／オンライン
特別編	エフェクチュエーション
	吉田満梨　神戸大学大学院経営学研究科 准教授
	2021年8月12日（木）15:00-17:00　神戸大学自然科学総合研究棟3号館1階106号室／オンライン
4	モデルとデータ
	玉置　久　神戸大学V.School 価値創発部門 部門長・大学院システム情報学研究科 教授
	鶴田宏樹　神戸大学V.School 准教授
	2021年10月14・21日（木）17:00-18:30　神戸大学V.Schoolルーム／オンライン
5	歴史と芸術
	長坂一郎　神戸大学V.School 協力教員・大学院人文学研究科 教授
	真下裕之　神戸大学大学院人文学研究科 教授
	大橋完太郎　神戸大学大学院人文学研究科 准教授
	2021年11月11・18日（木）17:00-18:30　神戸大学V.Schoolルーム／オンライン
6	SDGs時代の新しい働き方と価値創造
	國部克彦　神戸大学V.School スクール長・大学院経営学研究科 教授
	大内伸哉　神戸大学V.School 協力教員・大学院法学研究科 教授
	金子由芳　神戸大学V.School 協力教員・社会システムイノベーションセンター 教授
	西谷公孝　神戸大学V.School 協力教員・経済経営研究所 教授
	2021年12月9・16日（木）17:00-18:30　神戸大学V.Schoolルーム／オンライン

表6-1-3　2021年度V.Schoolサロン実施要領

執筆者紹介

執筆者紹介　第1部

國部克彦（こくぶ・かつひこ）
神戸大学V.School　スクール長・大学院経営学研究科　教授

玉置　久（たまき・ひさし）
神戸大学V.School価値創発部門　部門長・大学院システム情報学研究科　教授

第2部

第1章第1節・第3節・第4節・第6節／第2章第3節／第4章第1節
鶴田宏樹（つるた・ひろき）
神戸大学V.School　准教授

第1章第2節／第2章第4節
内田浩史（うちだ・ひろふみ）
神戸大学V.School価値創発部門　副部門長・大学院経営学研究科　教授

第1章第5節
菊池　誠（きくち・まこと）
神戸大学V.School価値創発部門　副部門長・大学院システム情報学研究科　教授

第1章第7節
長坂一郎（ながさか・いちろう）
神戸大学大学院人文学研究科　教授

第1章第8節
西谷公孝（にしたに・きみたか）
神戸大学経済経営研究所　教授

第2章第1節・第2節
祇園景子（ぎおん・けいこ）
神戸大学V.School　准教授

第2章第5節
忽那憲治（くつな・けんじ）
神戸大学V.School価値設計部門　部門長・大学院経営学研究科　教授

第2章第6節
砂川洋輝（すながわ・ひろき）
神戸大学V.School　客員准教授・一般社団法人コード・フォー・ジャパン

第3章第1節
坂井貴行（さかい・たかゆき）
神戸大学V.School　教授

第3章第2節
上田浩史（うえだ・ひろふみ）
神戸大学V.School　客員准教授・株式会社LeaGLO　代表

第4章第2節

杉浦愛未（すぎうら・あみ）

神戸大学海事科学部　学生

第4章第3節

久保雄一郎（くぼ・ゆういちろう）

神戸大学大学院経営学研究科博士後期課程　学生

田中良樹（たなか・よしき）

神戸大学医学部　学生

第4章第4節

長野亘孝（ながの・のぶたか）

神戸大学大学院経営学研究科博士後期課程　学生

第4章第5節

初島圭亮（はつしま・けいすけ）

神戸大学経営学部　学生

第4章第6節

井城龍昇（いしろ・りゅうと）

神戸大学経営学部　学生

第4章第7節

Bandur Un Nisa（ばどうる・うん・にさ）

神戸大学大学院保健学研究科博士後期課程　学生

第4章第8節

北村真弥（きたむら・まや）

神戸大学国際人間科部　学生

第4章第9節

澤岡善光（さわおか・よしみつ）

神戸大学海事科学部　学生

第4章第10節

北川知樹（きたがわ・ともき）

神戸大学大学院経済学研究科博士後期課程　学生

第4章第11節

本丸勝也（ほんまる・かつや）

神戸大学 V.School　客員教授・兵庫ベンダ工業株式会社　取締役

編集者紹介　第2部第5章

髙木大吾（たかぎ・だいご）

株式会社デザインスタジオパステル

所属、肩書、役職などは 2022 年 3 月現在

価値の創造を考える
2021年度 神戸大学V.Schoolの取り組みの軌跡

2023年3月31日　第1刷発行

編者　神戸大学V.School
発行　神戸大学出版会
　　　〒657-8501　神戸市灘区六甲台町2-1
　　　神戸大学附属図書館社会科学系図書館内
　　　TEL. 078-803-7315　FAX. 078-803-7320
　　　URL　https://www.org.kobe-u.ac.jp/kupress/

発売　神戸新聞総合出版センター
　　　〒650-0044　神戸市中央区東川崎町1-5-7
　　　TEL. 078-362-7140　FAX. 078-361-7552
　　　URL　https://kobe-yomitai.jp/

装幀・組版　近藤聡（明後日デザイン制作所）
印刷　神戸新聞総合印刷